어휘로 잡는 빵빵 독해

초등 한국사 3

글 손주현 | 그림 이창우, 조승연

웅진주니어

이 책의 특징

어휘를 알면 독해가 쉽다! 어휘력을 빵빵하게 키워 독해를 쉽게 할 수 있습니다.

글을 읽고도 무슨 뜻인지 모르는 이유가 무엇일까요? 글을 읽고 그 내용을 이해하는 능력인 독해력이 부족하기 때문입니다. 독해력은 문장을 읽고 이해하는 능력인 문해력과도 연결됩니다. 문해력을 기르려면 어휘력이 바탕이 되어야 합니다. 『어휘로 잡는 빵빵 독해』에서는 어휘의 의미와 쓰임을 다양한 상황으로 구성해 보여 줌으로써 아이들이 어휘를 쉽게 이해할 수 있게 하였습니다. 또한 이렇게 익힌 어휘를 짧은 문장으로 확인하는 문제를 통해 문해력을 키우고 긴 글까지 확장해 이해할 수 있도록 하였습니다.

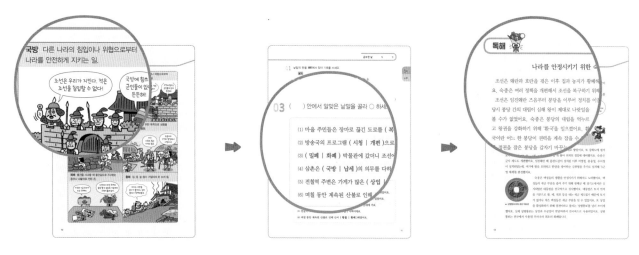

초등 교과와 연계한 독해 프로그램으로, 교과 지식을 넓힐 수 있습니다.

초등 사회 교과서에 나오는 주제로 구성된 다양한 지문을 통해 독해 능력을 키우고 교과 공부에 필요한 기초 지식도 키울 수 있도록 하였습니다. 또 '교과서 속 책 읽기'를 통해 초등 및 중등 국어 교과서에 나오는 지문을 미리 읽어 보는 경험을 할 수 있습니다.

주	일차	학습 주제	주	일차	학습 주제
1주 조선 시대 3	1	숙종의 정책	3주 조선 시대 5	1	강화도 조약
	2	영조와 정조의 개혁 정책		2	임오군란과 갑신정변
	3	조선 후기의 경제		3	동학 농민 운동
	4	실학		4	갑오개혁
	5	서민 문화		5	을미사변과 아관 파천
2주 조선 시대 4	1	세도 정치	4주 대한 제국	1	독립 협회와 대한 제국
	2	백성들의 봉기		2	근대 문물의 수용
	3	천주교와 동학		3	을사늑약
	4	흥선 대원군의 개혁 정책		4	항일 의병 운동
	5	서양 세력의 침략		5	애국 계몽 운동
교과서 속 책 읽기			교과서 속 책 읽기		

한 번에 끝내자! 오늘 학습은 오늘 끝내는 성취감을 느낄 수 있습니다.

어휘와 독해를 하루에 하나씩! 1주 6일, 4주 한 권 완성으로 학습 성취감을 높입니다. 부담 없이 학습할 수 있도록 쉽고 간결하게 구성하였으며, 날마다 학습한 날짜를 기록하면서 아이 스스로 꾸준히 학습할 수 있도록 하였습니다.

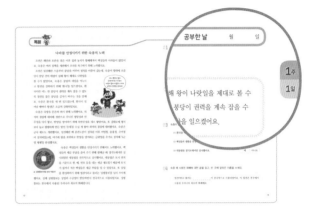

친근한 빵 친구들이 어휘와 독해 학습의 재미를 높여 줍니다.

또띠
똑소리 나는 토르티야. 아는 것이 많고 생각도 많다. 모르는 게 있으면 빨리 알아봐야 직성이 풀리는 성격. 그래서 머리에 항상 돋보기, 스마트폰 등을 넣고 다닌다.

빵이
푸근한 식빵. 웃음이 많다. 감정이 풍부하여 잘 웃고, 부끄러움을 잘 탄다. 새로운 사실을 알았을 때는 얼굴이 부풀었다 쭈그러들었다를 반복한다.

핫또야

장난꾸러기 핫도그. 심심한 걸 견디지 못해 케첩 같은 소스를 뿌려 대며 말썽을 일으키기도 하지만 악의는 없다.

롱이

수다쟁이 마카롱. 무조건 아는 척을 잘하며 모든 일을 참견하고 싶어 이곳저곳을 기웃거린다.

소라

수줍음이 많은 소라빵. 호기심도 많다. 무엇인가 골똘히 생각할 때는 커다란 모자에 몸을 숨기기도 하고, 놀라면 모자가 들썩이는 등 과한 리액션이 매력이다.

꽈리

투덜이 꽈배기. 무슨 일이든지 일단 투덜거리고 본다. 싫을수록 몸이 더 배배 꼬이고, 몸에 묻은 설탕을 털면서 온몸으로 거부한다.

이 책의 구성과 활용 방법

독해를 하기 전에 독해 지문에 나오는 어휘의 뜻을 익힙니다.

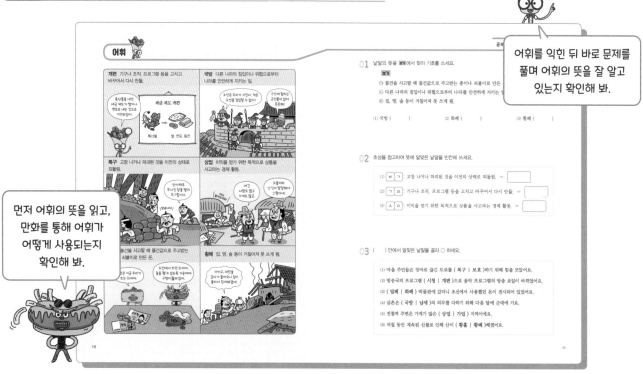

말풍선: 어휘를 익힌 뒤 바로 문제를 풀며 어휘의 뜻을 잘 알고 있는지 확인해 봐.

말풍선: 먼저 어휘의 뜻을 읽고, 만화를 통해 어휘가 어떻게 사용되는지 확인해 봐.

초등 사회 교과서에 나오는 학습 주제를 담은 지문을 읽고 독해력을 기릅니다.

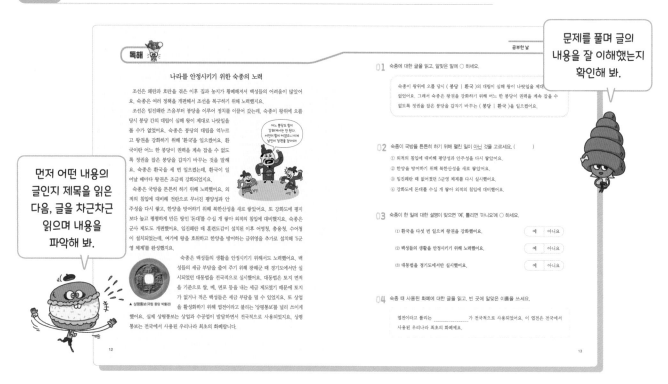

말풍선: 문제를 풀며 글의 내용을 잘 이해했는지 확인해 봐.

말풍선: 먼저 어떤 내용의 글인지 제목을 읽은 다음, 글을 차근차근 읽으며 내용을 파악해 봐.

복습 한 주 동안 배운 내용을 낱말 퍼즐, 사다리 타기, 미로 등의 다양한 활동을 통해 복습합니다.

전체 학습 분량 중 완료한 학습량

학습한 어휘 수

학습한 지문 수

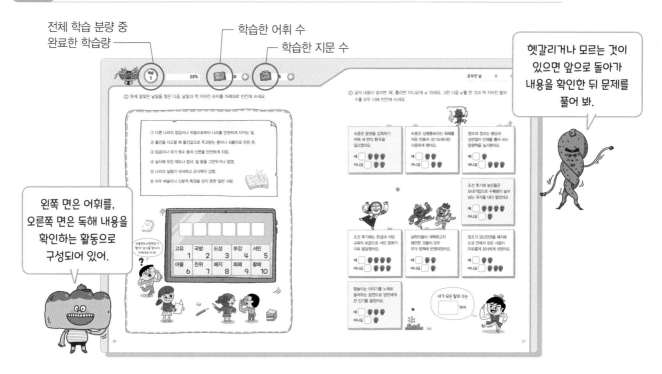

헷갈리거나 모르는 것이 있으면 앞으로 돌아가 내용을 확인한 뒤 문제를 풀어 봐.

왼쪽 면은 어휘를, 오른쪽 면은 독해 내용을 확인하는 활동으로 구성되어 있어.

교과서 속 책 읽기 초등 및 중등 국어 교과서에 나오는 다양한 유형의 지문을 읽고 내용을 파악합니다.

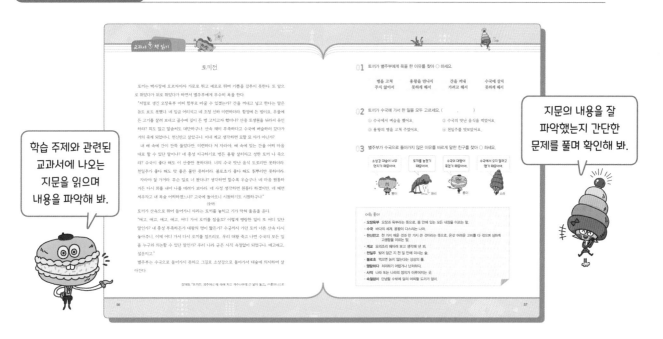

학습 주제와 관련된 교과서에 나오는 지문을 읽으며 내용을 파악해 봐.

지문의 내용을 잘 파악했는지 간단한 문제를 풀며 확인해 봐.

해답 어휘, 독해, 복습, 교과서 속 책 읽기 문제의 해답을 확인합니다.

찾아보기 헷갈리거나 모르는 어휘를 찾아봅니다.

차례

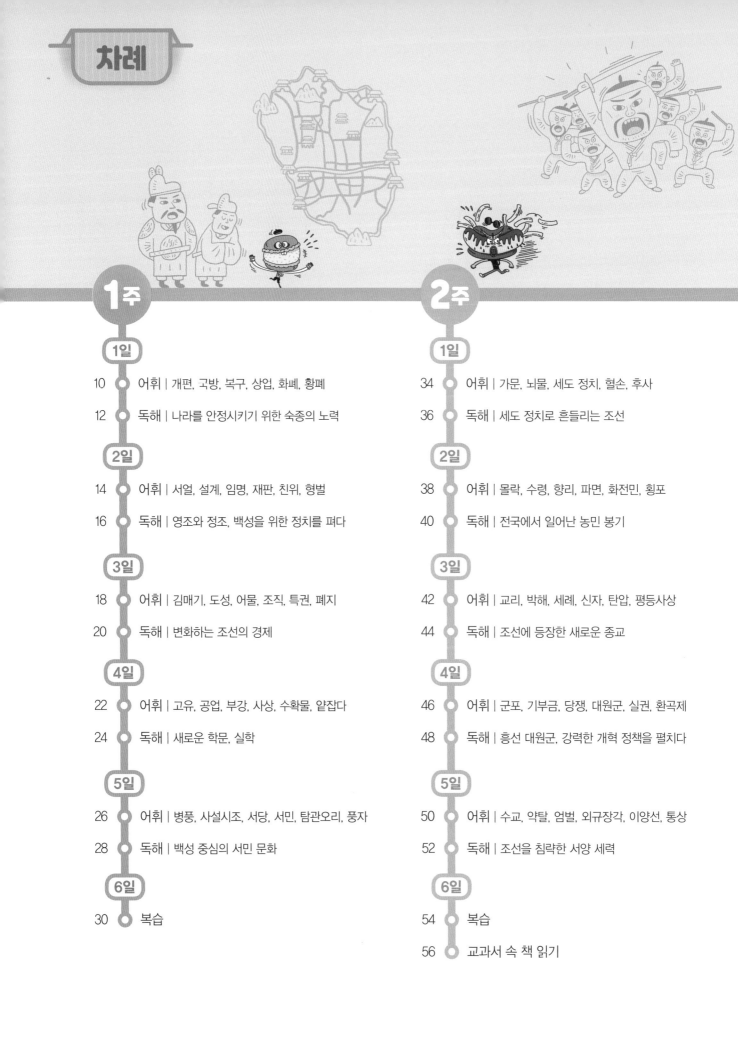

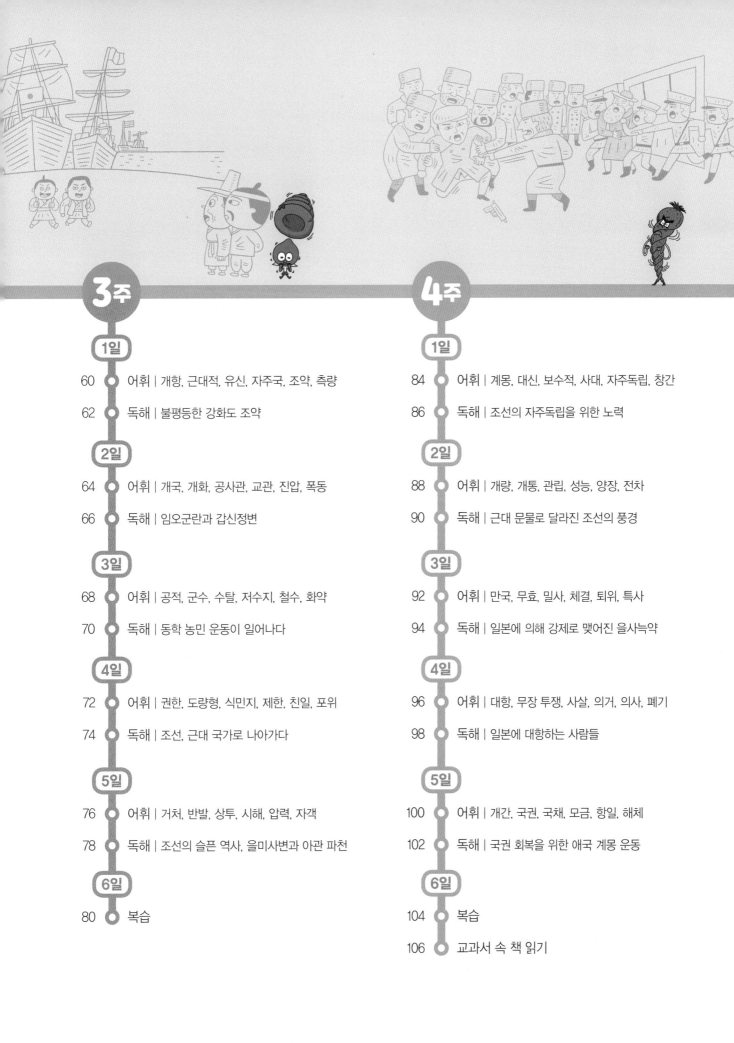

1주 조선 시대 3

1일

어휘 | 개편, 국방, 복구, 상업, 화폐, 황폐
독해 | 나라를 안정시키기 위한 숙종의 노력

2일

어휘 | 서얼, 설계, 임명, 재판, 친위, 형벌
독해 | 영조와 정조, 백성을 위한 정치를 펴다

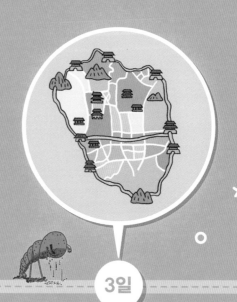

3일

어휘 | 김매기, 도성, 어물, 조직, 특권, 폐지
독해 | 변화하는 조선의 경제

5일

어휘 | 병풍, 사설시조, 서당, 서민, 탐관오리, 풍자
독해 | 백성 중심의 서민 문화

4일

어휘 | 고유, 공업, 부강, 사상, 수확물, 얕잡다
독해 | 새로운 학문, 실학

6일

복습

어휘

개편 기구나 조직, 프로그램 등을 고치고 바꾸어서 다시 만듦.

> 특산물을 내던 세금 제도가 쌀이나 면포로 내는 것으로 개편되었어.

세금 제도 개편

특산물 → 쌀, 면포, 동전

국방 다른 나라의 침입이나 위협으로부터 나라를 안전하게 지키는 일.

> 조선은 우리가 지킨다. 적은 조선을 침입할 수 없다!

> 국방에 힘쓰는 군인들이 있어 든든해!

복구 고장 나거나 파괴된 것을 이전의 상태로 되돌림.

> 산사태로 무너진 담을 빨리 복구합시다.

> 힘냅시다!

상업 이익을 얻기 위한 목적으로 상품을 사고파는 경제 활동.

> 어서 들어오세요!

> 여긴 사람도 많고 가게도 많군.

> 도읍이라 상업이 발달해서 그렇다네.

화폐 물건을 사고팔 때 물건값으로 주고받는 종이나 쇠붙이로 만든 돈.

> 이것은 지금 우리가 쓰는 화폐야.

> 조선에서 쓰던 화폐야. 줄을 꿸 수 있도록 가운데에 구멍이 뚫려 있어.

황폐 집, 땅, 숲 등이 거칠어져 못 쓰게 됨.

> 아이고, 피란을 갔다가 돌아오니 집이 불타서 황폐해졌네.

01 낱말의 뜻을 보기 에서 찾아 기호를 쓰세요.

보기

㉠ 물건을 사고팔 때 물건값으로 주고받는 종이나 쇠붙이로 만든 돈.

㉡ 다른 나라의 침입이나 위협으로부터 나라를 안전하게 지키는 일.

㉢ 집, 땅, 숲 등이 거칠어져 못 쓰게 됨.

(1) 국방 (　　　)　　　　　(2) 화폐 (　　　)　　　　　(3) 황폐 (　　　)

02 초성을 참고하여 뜻에 알맞은 낱말을 빈칸에 쓰세요.

(1) ㅂ ㄱ : 고장 나거나 파괴된 것을 이전의 상태로 되돌림. ➡ [　　　]

(2) ㄱ ㅍ : 기구나 조직, 프로그램 등을 고치고 바꾸어서 다시 만듦. ➡ [　　　]

(3) ㅅ ㅇ : 이익을 얻기 위한 목적으로 상품을 사고파는 경제 활동. ➡ [　　　]

03 (　　　) 안에서 알맞은 낱말을 골라 ○ 하세요.

(1) 마을 주민들은 장마로 끊긴 도로를 (복구 | 보호)하기 위해 힘을 모았어요.

(2) 방송국의 프로그램 (시청 | 개편)으로 음악 프로그램의 방송 요일이 바뀌었어요.

(3) (밀폐 | 화폐) 박물관에 갔더니 조선에서 사용했던 돈이 전시되어 있었어요.

(4) 삼촌은 (국방 | 납세)의 의무를 다하기 위해 다음 달에 군대에 가요.

(5) 전철역 주변은 가게가 많은 (상업 | 가업) 지역이에요.

(6) 며칠 동안 계속된 산불로 인해 산이 (황홀 | 황폐)해졌어요.

나라를 안정시키기 위한 숙종의 노력

조선은 왜란과 호란을 겪은 이후 집과 농지가 황폐해져서 백성들의 어려움이 많았어요. 숙종은 여러 정책을 개편해서 조선을 복구하기 위해 노력했지요.

조선은 임진왜란 즈음부터 붕당을 이루어 정치를 이끌어 갔는데, 숙종이 왕위에 오를 당시 붕당 간의 대립이 심해 왕이 제대로 나랏일을 볼 수가 없었어요. 숙종은 붕당의 대립을 억누르고 왕권을 강화하기 위해 '환국'을 일으켰어요. 환국이란 어느 한 붕당이 권력을 계속 잡을 수 없도록 정권을 잡은 붕당을 갑자기 바꾸는 것을 말해요. 숙종은 환국을 세 번 일으켰는데, 환국이 일어날 때마다 왕권은 조금씩 강화되었지요.

어느 붕당도 힘이 강해져서는 안 된다. 서인이 힘이 커졌으니 이제 남인이 정권을 잡아라!

남인
서인

숙종은 국방을 튼튼히 하기 위해 노력했어요. 외적의 침입에 대비해 전란으로 무너진 평양성과 안주성을 다시 쌓고, 한양을 방어하기 위해 북한산성을 새로 쌓았어요. 또 강화도에 평지보다 높고 평평하게 만든 땅인 '돈대'를 수십 개 쌓아 외적의 침입에 대비했지요. 숙종은 군사 제도도 개편했어요. 임진왜란 때 훈련도감이 설치된 이후 어영청, 총융청, 수어청이 설치되었는데, 여기에 왕을 호위하고 한양을 방어하는 금위영을 추가로 설치해 '5군영 체제'를 완성했지요.

▲ 상평통보(국립 중앙 박물관)

숙종은 백성들의 생활을 안정시키기 위해서도 노력했어요. 백성들의 세금 부담을 줄여 주기 위해 광해군 때 경기도에서만 실시되었던 대동법을 전국적으로 실시했어요. 대동법은 토지 면적을 기준으로 쌀, 베, 면포 등을 내는 세금 제도였기 때문에 토지가 없거나 적은 백성들은 세금 부담을 덜 수 있었지요. 또 상업을 활성화하기 위해 엽전이라고 불리는 '상평통보'를 널리 쓰이게 했어요. 실제 상평통보는 상업과 수공업이 발달하면서 전국적으로 사용되었지요. 상평통보는 전국에서 사용된 우리나라 최초의 화폐랍니다.

01 숙종에 대한 글을 읽고, 알맞은 말에 ○ 하세요.

> 숙종이 왕위에 오를 당시 (붕당 | 환국)의 대립이 심해 왕이 나랏일을 제대로 볼 수
> 없었어요. 그래서 숙종은 왕권을 강화하기 위해 어느 한 붕당이 권력을 계속 잡을 수
> 없도록 정권을 잡은 붕당을 갑자기 바꾸는 (붕당 | 환국)을 일으켰어요.

02 숙종이 국방을 튼튼히 하기 위해 펼친 일이 <u>아닌</u> 것을 고르세요. (   )

① 외적의 침입에 대비해 평양성과 안주성을 다시 쌓았어요.

② 한양을 방어하기 위해 북한산성을 새로 쌓았어요.

③ 임진왜란 때 없어졌던 5군영 체제를 다시 실시했어요.

④ 강화도에 돈대를 수십 개 쌓아 외적의 침입에 대비했어요.

03 숙종이 한 일에 대한 설명이 맞으면 '예', 틀리면 '아니요'에 ○ 하세요.

(1) 환국을 다섯 번 일으켜 왕권을 강화했어요. | 예 | 아니요 |

(2) 백성들의 생활을 안정시키기 위해 노력했어요. | 예 | 아니요 |

(3) 대동법을 경기도에서만 실시했어요. | 예 | 아니요 |

04 숙종 때 사용된 화폐에 대한 글을 읽고, 빈 곳에 알맞은 이름을 쓰세요.

> 엽전이라고 불리는 _____ 가 전국적으로 사용되었어요. 이 엽전은 전국에서
> 사용된 우리나라 최초의 화폐예요.

서얼 양반 아버지와 본부인이 아닌, 첩인 어머니 사이에서 낳은 아들.

설계 건축, 토목, 기계 등에 관한 계획을 세우거나 그 계획을 그림 등으로 나타내는 것.

임명 일정한 지위나 임무를 남에게 맡김.

재판 법원에서 법적으로 문제가 되는 사건에 대하여 법률에 따라 판단하는 일.

친위 임금이나 국가 원수 등의 신변을 안전하게 지킴.

형벌 법에 따라 죄를 지은 사람에게 벌을 내림. 또는 그 벌.

01 낱말에 대한 설명이 맞으면 ○, 틀리면 ✕ 하세요.

(1) '재판'은 법원에서 법적으로 문제가 되는 사건에 대하여 법률에 따라
    판단하는 일을 말해요.   (   )

(2) '친위'는 임금이나 국가 원수 등의 신변을 안전하게 지키는 것을 말해요. (   )

(3) '서얼'은 양반 아버지와 본부인 사이에서 낳은 아들을 말해요.   (   )

(4) '설계'는 건축, 토목, 기계 등에 관한 계획을 세우거나 그 계획을
    그림 등으로 나타내는 것을 말해요.   (   )

(5) '형벌'은 죄를 지은 사람을 가두어 두는 곳을 말해요.   (   )

(6) '임명'은 어떤 지위나 맡은 임무를 그만두게 하는 것을 말해요.   (   )

02 빈칸에 알맞은 낱말을 찾아 선으로 이으세요.

(1) 임금은 양반에게 평민이 저지른 죄에 대해
    마음대로 [   ]을 내리지 못하게 했어요.   •   • ㉠ 설계

(2) 조선 사회에서 [   ]은 벼슬에 오르지
    못했고, 차별도 많이 받았어요.   •   • ㉡ 형벌

(3) 세계적으로 유명한 건축가가 그 건물을
    친환경적으로 [   ]했어요.   •   • ㉢ 서얼

03 (   ) 안에 알맞은 낱말을 보기 에서 찾아 기호를 쓰세요.

보기

㉠ 임명
㉡ 친위
㉢ 재판

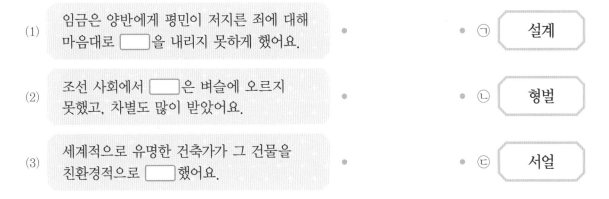

(1) 임금은 큰 공을 세운
신하를 영의정으로
(   )했어.

(2) 세상을 떠들썩하게 만든
범죄자의 (   )이
오늘 열린대.

(3) 저 용맹해 보이는
군인들이 임금의
(   )를 담당한대.

영조와 정조, 백성을 위한 정치를 펴다

숙종 말년에 소론과 노론으로 나뉜 붕당은 왕위 계승 문제로 다투는가 하면, 왕권을 위협하는 일까지 했어요. 영조와 정조는 개혁을 통해 붕당 간의 대립을 완화하고, 백성을 위한 정책을 펼치려고 노력했지요.

영조는 노론의 지지를 얻어 왕위에 올랐지만, 붕당 간의 다툼으로 목숨을 잃을 뻔했어요. 그래서 영조는 붕당끼리 다투는 것을 막고 정치를 안정시키고자 '탕평책'을 실시했어요. 탕평책은 붕당과 상관없이 인재를 골고루 뽑아 정치하는 거예요.

▲ 탕평비

영조는 탕평책을 널리 알리기 위해 성균관 앞에 탕평비를 세웠어.

영조는 백성들의 생활을 안정시키고자 여러 제도를 고쳤어요. '균역법'을 실시해 성인 남성이 군대에 가지 않는 대신 1년에 2필씩 내던 옷감을 1필로 줄여 주었어요. 그뿐만 아니라 사형 선고를 받은 사람은 반드시 재판을 세 번 하고 형벌을 받도록 했어요. 또 백성들의 억울함을 풀어 주고자 태종 때 설치되었다가 없어진 신문고를 다시 설치했지요.

정조는 할아버지 영조 뒤를 이어 탕평책을 실시했어요. 붕당과 상관없이 젊고 능력 있는 인재를 뽑아 왕실 도서관인 규장각에서 학문과 정책을 연구하도록 했어요. 또 능력은 있지만 관리가 될 수 없었던 서얼을 검서관으로 임명해 규장각에서 일하게 했지요. 그리고 왕권을 튼튼히 하기 위해 왕의 친위 부대인 장용영을 별도로 만들었어요.

정조는 수원 화성을 건설해 개혁 정치의 중심지이자 상업의 중심지로 삼고자 했어요. 수원 화성의 설계는 정약용에게 맡겼지요. 정약용은 거중기와 녹로라는 기계를 만들어 화성 건설의 공사 기간과 비용을 줄이는 데도 큰 역할을 했어요. 수원 화성에서 백성들은 자유롭게 장사하고, 땅을 빌려 농사지을 수 있었답니다.

▲ 수원 화성 팔달문 (한국민족문화대백과사전)

01 영조에 대한 설명으로 맞는 것을 모두 고르세요. (　　　　,　　　　)

① 소론의 지지를 얻어 왕위에 올랐어요.

② 백성들의 억울함을 풀어 주고자 신문고를 다시 설치했어요.

③ 성인 남성이 군대에 가지 않는 대신 내는 옷감을 1년에 2필에서 1필로 줄였어요.

④ 사형 선고를 받은 사람은 재판 없이 바로 형벌을 받도록 했어요.

02 정조가 한 일에 대한 설명이 맞으면 ○, 틀리면 ✕ 하세요.

(1) 붕당에 상관없이 젊고 능력 있는 인재를 뽑았어요.　　　　　　　(　　　　)

(2) 도읍을 수원 화성으로 삼고자 수원 화성을 건설했어요.　　　　　(　　　　)

(3) 서얼 출신을 검서관으로 임명해 규장각에서 일하게 했어요.　　　(　　　　)

(4) 외적의 침입에 대비해 국경을 지키는 장용영을 새로 만들었어요.　(　　　　)

03 영조와 정조에 대한 글을 읽고, 빈 곳에 알맞은 말을 쓰세요.

영조와 정조는 붕당끼리 다투는 것을 막고, 붕당과 상관없이 인재를 골고루 뽑아 정치를
하고자 ＿＿＿＿＿＿＿＿＿ 을 실시했어요.

04 친구의 물음에 알맞은 사람의 이름을 쓰세요.

거중기: 적은 힘으로
무거운 물체를 들어
올리는 장치.

녹로: 무거운 물건을
높은 곳으로 옮기는
장치.

수원 화성을 설계하고, 거중기와 녹로를
만들어 수원 화성의 공사 기간과 비용을
줄인 사람은 누구일까?

김매기 논밭의 잡초를 뽑는 일.

도성 성으로 둘러싸인 한 나라의 수도. '서울'을 이르던 말.

어물 물고기, 조개, 미역 같은 여러 가지 수산물. 또는 수산물을 말린 것.

조직 어떤 목표를 이루기 위해 여럿이 모여 체계 있는 집단을 이룸. 또는 그 집단.

특권 어떤 신분이나 자격이 있는 사람에게 특별히 주는 권리.

폐지 실시해 오던 제도나 법규, 일 등을 그만두거나 없앰.

01 낱말의 뜻을 찾아 선으로 이으세요.

(1) 폐지 •

(2) 조직 •

(3) 어물 •

• ㉠ 어떤 목표를 이루기 위해 여럿이 모여 체계 있는 집단을 이룸. 또는 그 집단.

• ㉡ 물고기, 조개, 미역 같은 여러 가지 수산물. 또는 수산물을 말린 것.

• ㉢ 실시해 오던 제도나 법규, 일 등을 그만두거나 없앰.

02 뜻에 알맞은 낱말이 되도록 보기 에서 글자를 모두 찾아 빈칸에 쓰세요.

보기   도   김   특   매   성   기   권

(1) 어떤 신분이나 자격이 있는 사람에게 특별히 주는 권리. ·················· ☐ ☐

(2) 성으로 둘러싸인 한 나라의 수도. '서울'을 이르던 말. ·················· ☐ ☐

(3) 논밭의 잡초를 뽑는 일. ·················· ☐ ☐ ☐

03 밑줄 친 낱말이 바르게 쓰인 것을 모두 찾아 ✔ 하세요.

(1) 조선 시대 때 양반은 가장 많은 **특권**을 누렸던 신분이에요. ☐

(2) 임진왜란 때 일본군은 부산에서 한양 쪽으로 올라와 **도성**을 함락했어요. ☐

(3) 그 가게는 소고기를 양념해서 말린 **어물**을 팔아요. ☐

(4) 임금은 신뢰하는 장군에게 군사 **조직**을 새롭게 개편하게 했어요. ☐

(5) 봄이 되면 농부들은 논에 모를 줄 맞추어 심는 **김매기**를 시작해요. ☐

(6) 고려 시대 때 공민왕은 그동안 유지해 왔던 몽골 풍습을 **폐지**했어요. ☐

변화하는 조선의 경제

조선은 원래 농업을 경제의 기본으로 여기고, 상업은 천하게 여겼어요. 그러나 전쟁으로 농사짓기가 힘들어지면서 수확량을 늘리는 농사법을 찾다가 점점 농업 기술이 발달했지요. 더불어 상업도 크게 발달해 조선의 경제가 변화하기 시작했어요.

농민들은 좁은 땅에서 최대한 많은 수확량을 거두기 위해 농사법을 바꾸었어요. 예전에는 논에다 직접 볍씨를 뿌려 벼농사를 짓는 '직파법'을 썼는데, 이 방법은 벼가 무질서하게 자라 김매기가 힘들었어요. 그래서 모판에서 싹을 틔운 모를 논에 줄 맞춰 심어 상대적으로 김매기가 쉬운 '모내기법'으로 바꾸었지요. 그 덕에 수확량이 크게 늘었어요.

농업 기술의 발달로 수확량이 크게 늘자, 상업도 발달했어요. 백성들이 배불리 먹고도 남는 곡식이 생기자, 그것을 내다 팔면서 곳곳에 시장이 열리게 되었어요. 조선 후기에는 보통 5일마다 열리는 시장인 '장시'가 전국에 천여 개가 넘었지요. 장시가 발달하면서 전국을 돌아다니며 물건을 파는 보부상의 역할도 커졌어요. 그리고 경제적으로 힘을 가진 상인들이 모여 조직을 만들기도 했는데, 특히 한양의 경강상인, 개성의 송상, 의주의 만상, 동래의 내상 등이 많이 알려진 상인 조직이지요.

한양 도성 안에서 장사하던 상인을 시전 상인이라고 하는데, 이들은 나라가 요구하는 물건을 제공해 주는 대가로 금난전권이라는 특권을 받았어요. '금난전권'이란 도성 안에서 허가를 받지 않은 개인 가게인 난전을 금지할 수 있는 권한을 말해요. 그런데 정조가 비단, 명주, 무명, 모시, 종이, 어물을 파는 육의전을 제외하고, 금난전권을 폐지했어요. 이로 인해 도성 안에서 모든 사람이 자유롭게 장사하게 되었고, 상업은 더욱 활기를 띠게 되었답니다.

01 조선의 농사법에 대한 글을 읽고, 알맞은 말에 ○ 하세요.

농민들은 논에다 직접 볍씨를 뿌려 벼농사를 짓는 (모내기법 | 직파법)에서 모판에서 싹을 틔운 모를 논에 줄 맞춰 심는 (모내기법 | 직파법)으로 농사법을 바꾸었어요.

02 조선의 경제에 대한 설명이 맞는 것을 모두 찾아 ✔ 하세요.

⑴ 조선은 원래 농업보다 상업을 중요하게 생각했어요. ☐

⑵ 곡식의 수확량이 많아져 먹고 남는 것을 내다 팔면서 시장이 많아졌어요. ☐

⑶ 보통 5일마다 열리는 시장인 장시가 전국에 천여 개가 넘었어요. ☐

⑷ 장시가 많아지자 한양의 경강상인 같은 상인 조직이 없어졌어요. ☐

03 육의전에서 파는 것을 모두 찾아 ◯로 묶으세요.

벼루   명주   그릇   모시

비단   종이   어물   무명

04 조선의 경제에 대해 <u>틀리게</u> 말한 친구를 찾아 ○ 하세요.

시전 상인은 나라가 요구하는 물건을 제공해 주었어. 핫또야

장시가 발달하면서 보부상의 역할은 줄어들었어. 또띠

농업 기술의 발달로 수확량이 늘어나면서 상업도 발달했어. 소라

금난전권의 폐지로 조선의 상업이 더욱 활기를 띠었어. 빵이

01 뜻에 알맞은 낱말을 보기 에서 찾아 빈칸에 쓰세요.

보기	고유	수확물	사상	얕잡다	공업	부강

(1) 다른 사람의 재주나 능력 등을 실제보다 낮추어 보아 하찮게 대하다. ☐

(2) 거두어들인 농작물. ☐

(3) 나라의 살림이 넉넉하고 군사력이 강함. ☐

(4) 사람의 손이나 기계로 원료를 가공하여 상품이나 재료를 만드는 산업. ☐

(5) 깊은 생각을 통해 얻어진 특정한 의식이나 사고. ☐

(6) 한 사물이나 집단 등이 본래부터 지니고 있는 특별한 것. ☐

02 ☐☐ 안에서 알맞은 낱말을 골라 ○ 하세요.

(1) 수영이는 경쟁 선수를 [당차게 | 얕잡아] 봤다가 경기에서 지고 말았어요.

(2) 울산은 석유 화학, 자동차 등의 [공업 | 농업] 이 발달한 도시예요.

(3) 간디는 생명을 귀하게 여겨야 한다는 [사상 | 사치] 을/를 가지고 있어요.

03 빈칸에 알맞은 글자를 모두 찾아 ○ 하세요.

(1) 가야금, 대금, 꽹과리는 우리나라의
☐☐ 악기예요.   [고 | 우 | 권 | 유]

(2) 조선은 ☐☐해지도록 상업을 발달시키고,
국방을 튼튼히 했어요.   [주 | 부 | 강 | 족]

(3) 올해는 홍수로 작년보다 ☐☐☐이
줄어서 농부들의 걱정이 많았어요.   [수 | 렵 | 확 | 물]

새로운 학문, 실학

조선 후기에는 여러 가지 현실적인 사회 문제가 드러났는데, 나라의 근본으로 삼고 있던 성리학은 형식과 명분에만 치우쳐 그 문제들을 해결하지 못했어요. 이에 실생활에 도움이 되는 학문과 사상에 관심을 보이는 성리학자들이 나타났어요. '실학자'라고 불리는 이들은 새로운 문물과 현실 문제에 관심을 둔 '실학'을 연구했지요.

실학자 중에는 토지 제도를 바꾸어 농민 생활을 안정시키자고 주장하는 사람들이 있었어요. 유형원은 관리, 선비, 농민에게 신분에 따라 차등을 두어 땅을 나누어 주자고 주장했어요. 정약용은 마을 단위로 공동 농장을 만들어 농사짓고, 각자 일한 만큼 수확물을 나누자고 했지요.

상업과 공업에 관심을 두었던 실학자들은 중국 청을 오랑캐라고 얕잡아 보지 말고 청의 발전된 기술을 받아들여야 조선이 부강한 나라가 될 수 있다고 했어요. 박지원은 수레와 선박을 이용해 물자를 이동시키고, 화폐를 널리 사용해야 한다고 주장했어요. 박제가는 절약하기보다는 적극적으로 소비해야 상공업이 발전할 수 있다고 했지요.

우리나라 고유의 것을 중요하게 생각한 실학자들도 있었어요. 김정호는 당시 만들어진 여러 지도를 연구해 우리 땅을 자세하게 그린 『대동여지도』를 완성했어요. 안정복은 『동사강목』을 써서 고조선에서부터 고려 말까지의 역사를 정리했어요. 신경준은 『훈민정음운해』에서 한글의 원리를 그림으로 풀어 설명하고 한글의 우수성을 증명했어요.

실학자들은 조선을 개혁하고자 조정에 여러 가지 정책을 제안했지만, 아쉽게도 그들의 주장은 국가 정책에 거의 반영되지 못했어요. 결국 실학은 백성들의 삶에 큰 영향을 끼치지는 못했답니다.

▲ 『대동여지도』(국립 중앙 박물관)

『대동여지도』에는 우리나라의 산, 강, 길 등이 자세히 표시되어 있어.

01 조선 후기 상황에 대한 글을 읽고, 빈 곳에 알맞은 말을 쓰세요.

> 조선의 근본으로 삼았던 _____은 형식과 명분에만 치우쳐 조선 후기에 드러난 사회 문제를 해결하지 못했어요. 이에 새로운 문물과 현실 문제에 관심을 둔 학문인 _____이 등장했는데, 이를 연구하는 학자를 _____라고 불렀어요.

02 각 실학자가 주장한 내용을 보기 에서 찾아 기호를 쓰세요.

보기

㉠ 마을 단위로 공동 농장에서 농사짓고, 각자 일한 만큼 수확물을 나누자는 주장

㉡ 수레와 선박을 이용해 물자를 이동시키고, 화폐를 널리 사용해야 한다는 주장

㉢ 절약하기보다는 적극적으로 소비해야 상공업이 발전할 수 있다는 주장

㉣ 관리, 선비, 농민에게 신분에 따라 차등을 두어 땅을 나누어 주자는 주장

(1) 유형원 (   )   (2) 정약용 (   )   (3) 박지원 (   )   (4) 박제가 (   )

03 실학자에 대한 설명이 <u>틀린</u> 것을 고르세요. (   )

① 토지 제도를 바꾸어 농민 생활을 안정시키자고 주장했어요.

② 청의 발전된 기술을 받아들여 조선을 부강한 나라로 만들자고 했어요.

③ 조선을 개혁하고자 조정에 여러 가지 정책을 제안했어요.

④ 우리나라 고유의 것보다는 청의 문화를 중요하게 생각했어요.

04 무엇에 대한 설명인지 찾아 선으로 이으세요.

(1) 안정복이 고조선에서부터 고려 말까지의 역사를 정리한 책   •   • ㉠ 『훈민정음운해』

(2) 김정호가 당시 만들어진 여러 지도를 연구해 우리 땅을 자세하게 그린 지도   •   • ㉡ 『동사강목』

(3) 신경준이 한글의 원리를 그림으로 풀어 설명하고 한글의 우수성을 밝힌 책   •   • ㉢ 『대동여지도』

병풍 바람을 막거나 무엇을 가리거나 또는 장식용으로 방 안에 치는 물건.

옛날에는 벽에 병풍을 세워 장식했대.

병풍에 그려진 글자와 그림이 멋지네.

사설시조 조선 중기 이후 발달한 시조로, 산문적 성질을 띠며 서민적 내용이 담겨 있음.

사설시조가 뭐야?

창 내고쟈 창을 내고쟈
이내 가슴에 창 내고쟈
고모장지 셰살장지
들장지 열장지 암돌져귀
수돌저귀 비목걸새
(중략)

사설시조는 일반 시조와 달리 글자 수에 제한 없이 길고 자유롭게 쓴 시조야.

서당 옛날에 아이들이 글을 배우던 곳.

여러분, 서당에 왔으니 열심히 공부하세요. 하늘 천, 땅 지!

하늘 천! 땅 지!

서민 아무 벼슬이나 신분적 특권을 갖지 못한 일반 사람.

양반들은 벼슬에 오를 수도 있고, 군대에 가지 않아 좋겠어.

우리 같은 서민은 먹고살기 바쁜데도 군대를 가는데 말이야.

탐관오리 백성의 재물을 탐내어 빼앗는, 행실이 깨끗하지 못한 관리.

세금을 빼돌려서 내 재산을 불리니 좋구나.

터무니없는 세금을 걷어 가는 저 탐관오리를 누가 안 잡아가나?

풍자 남의 부족한 점을 다른 것에 빗대어 비웃으면서 폭로하고 공격함.

아이고, 배야! 똥 마려워!

왜 사람들이 웃는 거야?

체면을 차리느라 설사병이 나도 화장실로 뛰어가지 못하는 양반을 풍자해서 웃는 거야.

01 낱말의 뜻을 보기 에서 찾아 기호를 쓰세요.

보기

㉠ 백성의 재물을 탐내어 빼앗는, 행실이 깨끗하지 못한 관리.

㉡ 조선 중기 이후 발달한 시조로, 산문적 성질을 띠며 서민적 내용이 담겨 있음.

㉢ 남의 부족한 점을 다른 것에 빗대어 비웃으면서 폭로하고 공격함.

⑴ 사설시조 (   )   ⑵ 탐관오리 (   )   ⑶ 풍자 (   )

02 (   ) 안에서 알맞은 낱말을 골라 ○ 하세요.

⑴ (서민 | 교민) : 아무 벼슬이나 신분적 특권을 갖지 못한 일반 사람.

⑵ (병풍 | 방풍) : 바람을 막거나 무엇을 가리거나 또는 장식용으로 방 안에 치는 물건.

⑶ (사당 | 서당) : 옛날에 아이들이 글을 배우던 곳.

03 빈 곳에 알맞은 낱말을 보기 에서 찾아 쓰세요.

보기   사설시조   탐관오리   서민   풍자   서당   병풍

⑴ 물가가 많이 올라 _____ 계층 사람들은 불만이 높았어요.

⑵ _____ 는 일반 시조보다 길이가 길어진 시조 형식이에요.

⑶ 시골 할머니 방에는 한쪽 벽에 대나무가 그려진 _____ 이 세워져 있어요.

⑷ 암행어사는 백성들을 괴롭히던 _____ 를 잡아 엄격하게 처벌했어요.

⑸ 옛날 아이들은 _____ 에서 훈장님에게 글을 배웠어요.

⑹ 그 가면극은 부패한 양반의 모습을 _____ 한 내용을 담고 있어요.

백성 중심의 서민 문화

조선 후기에는 서민들을 중심으로 서민 문화가 새롭게 등장했어요. 조선 전기의 서민들은 먹고살기 바빠 문화를 즐길 여유가 없었기 때문에, 조선 전기 문화는 주로 양반들 중심이었지요. 그러나 후기에 이르러 서민들도 농업과 상공업의 발달로 경제적으로 여유가 생기면서 차츰 문화를 즐기게 되었어요. 특히 한글과 서당 교육의 보급으로 서민의 의식 수준이 높아졌고, 문화 활동도 활발해지면서 서민 문화가 더욱 발달했지요.

대표적인 서민 문화는 한글 소설과 사설시조예요. 성춘향과 이몽룡의 신분을 뛰어넘는 사랑 이야기인『춘향전』, 서얼 출신인 홍길동이 탐관오리를 혼내 주는『홍길동전』, 효녀 심청의 이야기로 효 사상을 담은『심청전』등의 한글 소설이 널리 읽혔어요. 한글 소설이 인기를 끌면서 돈을 받고 책을 읽어 주는 '전기수'라는 직업도 생겼지요. 또 사설시조는 형식에 얽매이지 않는 서민적인 시조로, 남녀 간의 사랑이나 서민의 감정을 솔직하게 표현했어요.

탈놀이와 판소리도 서민들 사이에서 인기가 좋았어요. 탈놀이는 탈춤이라고도 하는데, 탈을 쓰고 하는 가면극이에요. 서민의 생각이나 감정을 솔직하게 표현하고, 양반을 우스꽝스럽게 풍자했지요. 판소리는『춘향전』,『심청전』과 같은 긴 이야기를 노래로 들려주는 공연이에요. 즉흥적으로 내용을 바꾸기도 하고, 관객도 함께 참여할 수 있어 서민뿐만 아니라 양반에게도 큰 인기를 끌었지요.

▲ 「모란도」(국립 중앙 박물관)

서민들 사이에서는 풍속화와 민화도 유행했어요. 풍속화는 사람들이 살아가는 모습을 그린 그림으로, 김홍도와 신윤복이 대표적인 화가예요. 민화는 주로 이름이 알려지지 않은 서민들이 그린 그림이에요. 민화에는 행복, 장수 등을 바라는 서민들의 마음이 표현되어 있어요. 사람들은 민화를 벽에 걸거나 병풍으로 만들어 집 안을 장식했지요.

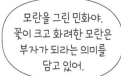

모란을 그린 민화야. 꽃이 크고 화려한 모란은 부자가 되라는 의미를 담고 있어.

01 조선 후기에 농업과 상공업의 발달로 경제적 여유가 생기면서 서민들을 중심으로 새롭게 등장한 문화를 무엇이라고 하는지 쓰세요.

02 어떤 한글 소설에 대한 설명인지 알맞은 책 이름을 쓰세요.

(1) 효녀 심청의 이야기로 효 사상을 담은 책 『   』

(2) 성춘향과 이몽룡의 신분을 뛰어넘는 사랑 이야기를 담은 책 『   』

(3) 서얼 출신인 홍길동이 탐관오리를 혼내 주는 이야기를 담은 책 『   』

03 조선 후기의 서민 문화에 대한 글을 읽고, 알맞은 말에 ○ 하세요.

서민의 생각이나 감정을 솔직하게 표현하고, 양반을 우스꽝스럽게 풍자한 가면극을 (탈놀이 | 판소리)라고 해요. 또 『춘향전』, 『심청전』과 같은 긴 이야기를 노래로 들려주는 공연을 (탈놀이 | 판소리)라고 해요.

04 조선 후기의 서민 문화에 대한 설명이 맞는 것을 모두 찾아 ✔ 하세요.

(1) 돈을 받고 한글 소설책을 빌려주는 전기수라는 직업이 있었어요. ☐

(2) 사설시조는 남녀 간의 사랑이나 서민의 감정을 솔직하게 표현했어요. ☐

(3) 민화의 대표적인 화가는 김홍도와 신윤복이에요. ☐

(4) 민화에는 행복, 장수 등을 바라는 서민들의 마음이 표현되어 있어요. ☐

뜻에 알맞은 낱말을 찾은 다음, 낱말과 짝 지어진 숫자를 차례대로 빈칸에 쓰세요.

① 다른 나라의 침입이나 위협으로부터 나라를 안전하게 지키는 일.

② 물건을 사고팔 때 물건값으로 주고받는 종이나 쇠붙이로 만든 돈.

③ 임금이나 국가 원수 등의 신변을 안전하게 지킴.

④ 실시해 오던 제도나 법규, 일 등을 그만두거나 없앰.

⑤ 나라의 살림이 넉넉하고 군사력이 강함.

⑥ 아무 벼슬이나 신분적 특권을 갖지 못한 일반 사람.

태블릿의 비밀번호가 뭘까? 숫자를 찾아서 차례대로 써 봐.

고유 1	국방 2	도성 3	부강 4	서민 5
어물 6	친위 7	폐지 8	화폐 9	황폐 10

글의 내용이 맞으면 '예', 틀리면 '아니요'에 ✔ 하세요. 그런 다음 ✔를 한 것과 짝 지어진 탈의
수를 모두 더해 빈칸에 쓰세요.

숙종은 왕권을 강화하기
위해 세 번의 환국을
일으켰어요.

예 ☐ 🎭🎭🎭
아니요 ☐ 🎭🎭

숙종은 상평통보라는 화폐를
처음 만들어 경기도에서만
사용하게 했어요.

예 ☐ 🎭🎭
아니요 ☐ 🎭🎭

영조와 정조는 붕당과
상관없이 인재를 뽑아 쓰는
탕평책을 실시했어요.

예 ☐ 🎭
아니요 ☐ 🎭🎭🎭

조선 후기에 농민들은
모내기법으로 수확량이 늘어
남는 곡식을 내다 팔았어요.

예 ☐ 🎭🎭🎭🎭
아니요 ☐ 🎭

조선 후기에는 한글과 서당
교육의 보급으로 서민 문화가
더욱 발달했어요.

예 ☐ 🎭🎭🎭🎭
아니요 ☐ 🎭🎭🎭

실학자들이 개혁하고자
제안한 것들이 모두
국가 정책에 반영되었어요.

예 ☐ 🎭🎭
아니요 ☐ 🎭

정조가 금난전권을 폐지해
도성 안에서 모든 사람이
자유롭게 장사하게 되었어요.

예 ☐ 🎭🎭
아니요 ☐ 🎭🎭🎭

탈놀이는 이야기를 노래로
들려주는 공연으로 양반에게
큰 인기를 끌었어요.

예 ☐ 🎭🎭🎭
아니요 ☐ 🎭

내가 모은 탈의 수는
☐ 개야.

2주 조선 시대 4

1일

어휘 | 가문, 뇌물, 세도 정치, 혈손, 후사
독해 | 세도 정치로 흔들리는 조선

2일

어휘 | 몰락, 수령, 향리, 파면, 화전민, 횡포
독해 | 전국에서 일어난 농민 봉기

3일

어휘 | 교리, 박해, 세례, 신자, 탄압, 평등사상
독해 | 조선에 등장한 새로운 종교

5일

어휘 | 수교, 약탈, 엄벌, 외규장각, 이양선, 통상
독해 | 조선을 침략한 서양 세력

4일

어휘 | 군포, 기부금, 당쟁, 대원군, 실권, 환곡제
독해 | 흥선 대원군, 강력한 개혁 정책을 펼치다

6일

복습
교과서 속 책 읽기

어휘

가문 가족 또는 가까운 일가로 이루어진 공동체. 또는 그 사회적 지위.

뇌물 자신의 이익을 위해 남한테 잘 봐 달라고 건네는 돈이나 물건.

세도 정치 왕실과 혼인 관계를 맺은 가문들이 국정을 독점하는 정치.

혈손 혈통을 이어 가는 자손.

후사 집안의 대를 잇는 자식.

01 뜻에 알맞은 낱말을 찾아 선으로 이으세요.

(1) 혈통을 이어 가는 자손. • • ㉠ 뇌물

(2) 가족 또는 가까운 일가로 이루어진 공동체. 또는 그 사회적 지위. • • ㉡ 후사

(3) 왕실과 혼인 관계를 맺은 가문들이 국정을 독점하는 정치. • • ㉢ 세도 정치

(4) 자신의 이익을 위해 남한테 잘 봐 달라고 건네는 돈이나 물건. • • ㉣ 가문

(5) 집안의 대를 잇는 자식. • • ㉤ 혈손

02 빈칸에 알맞은 낱말이 차례대로 묶인 것을 고르세요. (　　　　)

- 과거에 계속 떨어진 양반은 높은 지위의 관리에게 [　　]을 바쳐 벼슬자리에 올랐어요.
- 임금은 왕실의 대를 이을 [　　]가 없어서 걱정했어요.
- 왕실과 혼인을 맺은 가문이 권력을 잡고 [　　]를 하면서 왕의 힘이 약해졌어요.

① 뇌물 – 후사 – 세도 정치　　② 세도 정치 – 후사 – 뇌물

③ 후사 – 세도 정치 – 뇌물　　④ 뇌물 – 세도 정치 – 후사

03 빈칸에 알맞은 글자를 모두 찾아 ○ 하세요.

(1) 우리 집 뒷산은 옛날부터 우리 □□에서 대대로 관리하는 산이에요. 정　가　마　문

(2) 사도 세자는 영조의 □□이었지만, 영조에 의해 죽임을 당했어요. 혈　안　손　착

세도 정치로 흔들리는 조선

조선 후기에 순조, 헌종, 철종이 왕위에 있던 60여 년 동안은 몇몇 가문이 권력을 거머쥐고 조선을 좌지우지했어요.

정조가 세상을 떠난 뒤 순조가 11세에 왕위에 오르자, 증조할머니인 정순 왕후가 수렴청정을 했어요. 정순 왕후는 정조가 만든 장용영을 없애고, 규장각의 기능을 축소하는 등 정조가 펼쳤던 개혁 정치를 물거품으로 만들었어요. 정순 왕후가 세상을 떠나자 이번에는 순조의 장인인 김조순을 중심으로 한 안동 김씨가 권력을 잡았어요. 이렇게 왕실과 혼인 관계를 맺은 가문들이 권력을 잡고 나랏일을 맘대로 하는 정치를 '세도 정치'라고 하고, 세도 정치를 하는 가문을 '세도 가문'이라고 해요.

순조 다음으로 왕이 된 헌종도 겨우 8세에 왕위에 올랐어요. 이번엔 헌종의 외할아버지인 조만영과 풍양 조씨 가문이 권력을 잡고 나랏일을 맘대로 했지요. 그러나 헌종이 후사 없이 세상을 떠나자 안동 김씨 가문은 꼭두각시 왕을 세워 권력을 차지하려고 했어요. 그래서 영조의 혈손이지만 강화도에서 농사만 짓던 철종을 왕으로 세웠지요.

권력을 독차지한 몇몇 세도 가문은 자신들의 이익만 챙기느라 백성들의 삶은 돌보지 않았어요. 그들은 자기 권력을 이용해 뇌물을 받고 관직을 내주었어요. 능력이 있어도 세도 가문에 뇌물을 바치지 않으면 높은 관직에 오를 수 없었지요. 뇌물을 주고 관직에 오른 관리들은 자기 재산을 늘리기 위해 백성들에게 부정한 방법으로 세금을 걷었어요. 심지어 지푸라기나 모래가 섞인 곡식을 강제로 빌리게 하고 높은 이자를 받았어요. 세도 정치로 인해 백성들은 한층 고달픈 생활을 해야 했답니다.

01 순조 때 일어난 일에 대한 설명이 맞으면 ○, 틀리면 × 하세요.

(1) 순조가 왕위에 오른 뒤 정순 왕후가 수렴청정을 했어요. ( )

(2) 정순 왕후는 정조가 만든 장용영을 없앴어요. ( )

(3) 정순 왕후는 규장각의 기능을 키워 정조의 개척 정치를 이어 갔어요. ( )

(4) 정순 왕후가 세상을 떠난 후 순조가 권력을 쥐고 정치를 했어요. ( )

02 글을 읽고, 빈 곳에 알맞은 말을 쓰세요.

왕실과 혼인 관계를 맺은 가문들이 권력을 잡고 나랏일을 맘대로 하는 정치를

_____ 라고 하고, 이런 정치를 하는 가문을 _____ 이라고 해요.

03 글을 읽고, 알맞은 말에 ○ 하세요.

(1) (헌종 | 철종)이 8세에 왕위에 오르자 외할아버지인 조만영과 풍양 조씨 가문이 권력을 잡았어요.

(2) 안동 김씨 가문이 권력을 차지하기 위해 강화도에서 농사만 짓던 영조의 혈손인 (헌종 | 철종)을 왕으로 세웠어요.

04 세도 정치 시기에 일어난 일로 틀린 것을 모두 고르세요. (,)

① 세도 가문끼리 올바른 정치를 하기 위한 의견 대립이 많았어요.

② 세도 가문은 권력을 이용해 뇌물을 받고 관직을 내주었어요.

③ 뇌물을 주고 관직에 오른 관리들은 백성들에게 부정한 방법으로 세금을 걷었어요.

④ 백성들은 그 전보다 세금을 적게 내 살기가 좋아졌어요.

몰락 재산을 잃거나 권력이 약해져서 보잘것없이 됨.

수령 옛날에 각 지역을 맡아 다스리던 지방관들을 통틀어 이르는 말.

파면 잘못을 한 사람에게 일이나 직장을 그만두게 함.

화전민 흔히 산간 지대에서 풀과 나무를 불사르고 그 자리를 일구어 농사짓는 사람.

향리 고려 시대, 조선 시대에 한 고을에서 대를 이어 지방 행정을 담당했던 하급 관리.

횡포 제멋대로 굴며 매우 난폭함.

흑, 돈도 떨어지고 권력도 약해져 이런 초가집에 살게 되다니······.

저 집안은 5대째 관직에 오르지 못해 결국 몰락했대.

나라에 바칠 세금을 빼돌리다니. 벼슬을 빼앗고 감옥에 가두어라!

흑흑, 파면도 당하고, 감옥에도 가네.

이 고을 수령으로 처음 왔으니 고을 사정을 잘 아는 향리 여러분이 많이 도와주시오.

저희 향리들은 수령님이 고을을 잘 다스리시도록 돕겠습니다.

향리는 이방과 같이 고을 일을 맡아보던 하급 관리들을 말해.

화전민은 산에 불을 질러 밭으로 만들고, 농사를 지었대.

세금으로 쌀을 모두 가지고 가자.

이런 횡포가 어디 있소? 마지막 남은 것을 가져가면 우린 뭐 먹고 살란 말이오?

01 (   ) 안에서 알맞은 낱말을 골라 ○ 하세요.

(1) 몰락: (재산 | 정신)을 잃거나 권력이 약해져서 보잘것없이 됨.

(2) (강령 | 수령): 옛날에 각 지역을 맡아 다스리던 지방관들을 통틀어 이르는 말.

(3) 화전민: 흔히 (삼각 | 산간) 지대에서 풀과 나무를 불사르고 그 자리를 일구어 농사짓는 사람.

02 낱말의 뜻을 보기 에서 찾아 기호를 쓰세요.

보기

㉠ 고려 시대, 조선 시대에 한 고을에서 대를 이어 지방 행정을 담당했던 하급 관리.
㉡ 제멋대로 굴며 매우 난폭함.
㉢ 잘못을 한 사람에게 일이나 직장을 그만두게 함.

(1) 향리 (   )   (2) 파면 (   )   (3) 횡포 (   )

03 빈 곳에 알맞은 낱말을 보기 에서 찾아 쓰세요.

| 보기 | 파면 | 몰락 | 횡포 | 향리 | 화전민 | 수령 |

(1) 탐관오리의 _____가 심해지자 백성들은 탐관오리에게 몰려가 항의했어요.

(2) 고을을 맡아 다스리는 지방관인 _____이 새로 와서 고을 사정을 살폈어요.

(3) 백성들은 살기 힘들어지자 산으로 들어가 _____이 되었어요.

(4) 시장이 큰 잘못을 저질러 시장 자리에서 _____되었어요.

(5) _____는 고을 사정에 훤해 고을 행정에 관한 거의 모든 일을 했어요.

(6) 그 집안은 사업의 실패로 모든 재산을 잃고 _____했어요.

전국에서 일어난 농민 봉기

순조 때 평안도에서 일어난 홍경래의 난을 시작으로 철종 때는 전국 곳곳에서 백성들이 봉기를 일으켰어요. 백성들은 왜 봉기를 일으켰을까요?

순조 때부터 시작된 세도 정치로 백성들은 힘든 나날을 보냈어요. 부패한 관리들이 거두어들이는 무거운 세금을 견디다 못해 백성들은 고향을 떠나 떠돌기 시작했어요. 산속에 숨어 살면서 화전민이 되기도 하고, 일부 백성들은 도적 떼에 들어가기도 했어요. 결국 백성들은 관리의 횡포를 참다못해 저항하기 시작했어요.

홍경래가 살던 평안도는 탐관오리의 부정부패가 심했고, 거듭되는 가뭄으로 굶어 죽는 사람이 많았어요. 게다가 나라에서 평안도 지역을 차별해 평안도 사람들은 실력이 좋아도 높은 벼슬에 오르지 못했어요. 이에 불만을 품은 홍경래는 세상을 바꾸고자 몰락한 양반, 가난한 농민과 상인, 노비 등을 모아 10여 년 동안 난을 준비했어요. 결국 1811년에 홍경래는 난을 일으켜 평안도 10여 개의 마을을 점령하고, 탐관오리의 창고에서 곡식을 빼내 백성들에게 나누어 주었어요. 하지만 난을 일으킨 세력들은 정주성에서 조정이 보낸 관군에 의해 진압되고 말았어요.

철종 말기 때는 전국적으로 많은 농민이 벌 떼처럼 일어나 봉기를 일으켰어요. 이를 '임술 농민 봉기'라고 해요. 진주에서 농민들이 수령과 향리들의 횡포에 화가 나서 봉기를 일으켰는데, 이 진주 농민 봉기를 계기로 경상도, 충청도, 제주까지 전국에 걸쳐 임술 농민 봉기가 일어났지요. 사태가 심각해지자 조정이 탐관오리들을 파면했지만, 세금 문제 등의 근본적인 문제를 해결하지 못해 백성들의 삶은 나아지지 않았답니다.

01 세도 정치로 백성들이 겪은 일을 <u>틀리게</u> 말한 친구에게 ○ 하세요.

세금 부담을 견디다 못해 고향을 떠나서 떠돌아다녔어. — 핫또야

산속에 숨어 살면서 화전민이 되었어. — 롱이

공부를 열심히 해 벼슬에 올라 세금을 면제받았어. — 소라

일부 백성들은 도적 떼에 들어갔어. — 꽈리

02 홍경래에 대해 바르게 말한 아이를 모두 찾아 이름을 쓰세요. (,   )

- **은서** : 홍경래는 탐관오리의 부정부패가 심한 평안도에 살았어.
- **지안** : 나라에서 평안도 사람을 우대해 홍경래도 높은 벼슬에 올랐어.
- **채은** : 홍경래는 불만이 많은 몰락한 양반들만 모아서 난을 준비했어.
- **서진** : 홍경래는 세상을 바꾸고자 난을 일으켰어.

03 철종 말기 때 진주 농민 봉기를 시작으로 전국적으로 일어난 농민 봉기를 무엇이라고 하는지 쓰세요.

04 홍경래의 난과 농민 봉기에 대한 설명이 맞으면 '예', 틀리면 '아니요'에 ○ 하세요.

	예	아니요
(1) 진주에서 농민들이 수령과 향리들의 횡포에 화가 나서 봉기를 일으켰어요.	예	아니요
(2) 홍경래의 난을 일으킨 세력들은 조정에서 보낸 관군을 정주성에서 물리쳤어요.	예	아니요
(3) 경상도, 충청도, 제주까지 전국에 걸쳐 농민 봉기가 일어났어요.	예	아니요
(4) 농민 봉기로 탐관오리들이 파면되어 근본적인 문제가 해결되면서 백성들의 삶은 크게 나아졌어요.	예	아니요

01 뜻에 알맞은 낱말을 보기 에서 찾아 빈칸에 쓰세요.

보기　　신자　　탄압　　세례　　교리　　평등사상　　박해

(1) [　　　] – 힘이나 권력을 가지고 다른 사람을 괴롭히거나 못살게 굴어서 해롭게 함.

(2) [　　　] – 천주교에서 교인이 되는 사람에게 모든 죄를 씻고 새사람이 된다는 표시로 하는 의식.

(3) [　　　] – 모든 사람은 법 앞에 평등하다고 주장하는 사상.

(4) [　　　] – 종교의 기본 원리와 가르침.

(5) [　　　] – 종교를 믿는 사람.

(6) [　　　] – 권력이나 무력 따위로 억지로 눌러 꼼짝 못 하게 함.

02 [　　] 안에서 알맞은 낱말을 골라 ○ 하세요.

(1) 조선에서 천주교 신자들은 고문을 당하며 [대우 | 박해] 를 받았어요.

(2) 천주교는 모든 사람이 평등하다는 [평등사상 | 경로사상] 을 가지고 있었어요.

(3) 이슬람교를 믿는 사람들은 『쿠란』을 읽으면서 [교리 | 관리] 를 공부해요.

(4) 부처님 오신 날에는 많은 불교 [독자 | 신자] 들이 절을 찾아요.

03 빈칸에 알맞은 낱말을 찾아 선으로 이으세요.

(1) 조선 후기에 천주교를 믿는 많은 사람이 무자비한 [　] 으로 목숨을 잃었어요.　　•　　•　ㄱ 세례

(2) 나는 부모님이 모두 천주교를 믿어 아기였을 때 [　] 를 받았어요.　　•　　•　ㄴ 탄압

조선에 등장한 새로운 종교

유교 사상이 뿌리 깊게 내린 조선에 천주교와 동학이라는 새로운 종교가 등장했어요.

천주교는 중국 명에 다녀온 사신이 천주교 교리서인 『천주실의』를 가지고 오면서 조선에 소개되었어요. 당시 사람들은 천주교를 종교라기보다는 서양의 학문으로 받아들여 '서학'이라 불렀는데, 차츰 믿는 사람들이 많아지면서 종교로 받아들여졌지요.

우리나라 최초의 천주교 신자는 이승훈으로, 그는 중국 청에서 세례를 받고 조선에 돌아와 천주교를 널리 알렸어요. 천주교의 평등사상과 천국에 대한 교리는 정치 세력을 잃은 남인, 몰락한 양반, 중인, 여성들과 평민들의 마음을 사로잡았지요.

그런데 조선 조정은 천주교가 유교의 제사 의식을 따르지 않고, 평등사상을 믿어 유교적 신분 질서를 부정한다며 탄압하기 시작했어요. 순조 때 수렴청정한 정순 왕후는 천주교 신자들을 처형하며 박해했어요. 그 이후로 조선 조정은 천주교 신자들을 여러 번에 걸쳐 박해했지요. 그런데도 천주교를 믿는 사람들은 점점 늘어났어요.

천주교가 전국으로 퍼져 나갈 무렵, 최제우는 동학을 창시했어요. 동학은 최제우가 서양 세력과 서학이 조선을 혼란스럽게 한다고 생각해 서학에 대항한다는 의미로 지은 이름이에요. 동학의 중심 사상인 '인내천'은 사람이 곧 하늘이라는 사상으로, 사람은 모두 평등하다는 것을 의미해요. 조선 조정은 동학도 신분 질서를 어지럽히는 위험한 종교라며 최제우를 처형하고 동학을 탄압했어요. 그런데도 동학 세력은 크게 성장해 '천도교'로 이름을 바꾸고 1907년에 정식 종교로 인정받았어요.

천주교   동학

01 친구들의 물음에 알맞은 말을 쓰세요.

명에 다녀온 사신이 가지고 온
천주교 교리서는 무엇일까?

(1) 『   』

우리나라 최초로 청에서 세례를
받은 사람은 누구일까?

(2)

02 천주교에 대한 설명이 맞는 것을 모두 찾아 ✔ 하세요.

(1) 사람들은 천주교를 학문으로만 인정하고, 종교로는 받아들이지 않았어요.

(2) 천주교의 천국에 대한 교리는 왕실과 양반들의 마음을 사로잡았어요.

(3) 조선 조정은 천주교가 유교의 제사 의식과 신분 질서를 따르지 않는다며
탄압했어요.

(4) 천주교에 대한 탄압을 계속해도 천주교 신자들은 꾸준히 늘었어요.

03 최제우와 동학에 대한 설명으로 틀린 것을 고르세요. (   )

① 최제우는 서학이 우리 것을 해치고 조선을 혼란스럽게 한다고 생각했어요.

② 동학의 중심 사상에는 사람이 모두 평등하다는 의미가 있어요.

③ 조선 조정은 동학을 우리 민족의 종교라며 좋게 생각했어요.

④ 동학은 서학에 대항한다는 의미로 지은 이름이에요.

04 동학에 대한 글을 읽고, 초성을 참고하여 알맞은 말을 차례대로 쓰세요.

동학은 사람이 곧 하늘이라는 ㅇ ㄴ ㅊ 사상을 가지고 있어요. 조선 조정의 탄압을

받았지만, 이후 크게 성장해 ㅊ ㄷ ㄱ 로 이름을 바꾸고 정식 종교로 인정받았어요.

[   ] , [   ]

군포 조선 시대에 군대에 가지 않는 대신 나라에 내던 베.

군대에 가지 않으려면 군포를 내시오.

베 한 필 여기 있습니다.

기부금 다른 사람이나 기관, 단체 등을 도울 목적으로 대가 없이 내놓는 돈이나 재산.

홍수 피해 복구를 위해 학교에서 기부금을 모았습니다.

감사합니다. 피해를 복구하는 데 잘 쓰겠습니다.

복구 기부금 전

당쟁 당파를 이루어 서로 싸우던 일.

뭐요? 우리 당의 의견을 무시하는 거예요?

무시라니요? 왜 우리 당 의견을 들으려 하지 않소?

유생들이 공부는 안 하고 당을 나눠 당쟁만 하고 있네.

대원군 임금의 친아버지이지만 임금이 아니었던 사람에게 주던 벼슬.

난 임금이 아니지만 내 아들은 임금이 되었소.

흥선군은 고종이 왕위에 오르면서 대원군 벼슬을 받아 흥선 대원군이라 불렸어.

실권 어떤 일을 실제로 할 수 있는 권력이나 권리.

회장님, 뭐 하시는 겁니까? 빨리 일을 처리하셔야지요.

왜 사장님이 회장님한테 큰소리를 내는 거야?

회장님은 힘이 없고, 사장님이 실권을 가지고 있거든.

환곡제 흉년 또는 봄에 곡식을 빌려준 뒤 풍년 또는 가을에 이자를 붙여 갚게 하던 제도.

봄이라 식량이 없어 곡식 2가마를 빌려 갑니다.

환곡제가 있어 곡식을 빌려 줄 수 있으니 다행입니다.

가을걷이가 끝나 빌린 곡식에 이자를 붙여 갚으러 왔습니다.

01 초성을 참고하여 뜻에 알맞은 낱말을 빈칸에 쓰세요.

(1) ㄷㅈ : 당파를 이루어 서로 싸우던 일. ➡ [　　　　]

(2) ㅅㄱ : 어떤 일을 실제로 할 수 있는 권력이나 권리. ➡ [　　　　]

(3) ㄱㅍ : 조선 시대에 군대에 가지 않는 대신 나라에 내던 베. ➡ [　　　　]

02 낱말의 뜻을 찾아 선으로 이으세요.

(1) 환곡제 •

(2) 기부금 •

(3) 대원군 •

• ㉠ 임금의 친아버지이지만 임금이 아니었던 사람에게 주던 벼슬.

• ㉡ 다른 사람이나 기관, 단체 등을 도울 목적으로 대가 없이 내놓는 돈이나 재산.

• ㉢ 흉년 또는 봄에 곡식을 빌려준 뒤 풍년 또는 가을에 이자를 붙여 갚게 하던 제도.

03 밑줄 친 낱말이 바르게 쓰인 것을 모두 찾아 ✓ 하세요.

(1) 왕이 세상을 떠나자 **대원군**이 왕위에 올랐어요. [　]

(2) 그 식당의 주인은 할머니이지만 **실권**은 할머니의 아들이 가지고 있어요. [　]

(3) 조선 조정은 백성에게 곡식을 빌려주는 **환곡제**를 실시했어요. [　]

(4) 임금은 당과 상관없이 인재를 골고루 뽑으려고 **당쟁**을 실시했어요. [　]

(5) 식당 주인은 난동을 부린 사람에게 깨진 그릇값을 계산해 **기부금**을 요구했어요. [　]

(6) 조선 전기에는 군대에 갈 의무가 있는 평민만 **군포**를 냈어요. [　]

흥선 대원군, 강력한 개혁 정책을 펼치다

흥선 대원군은 안동 김씨 세력을 견제하려는 대왕대비와 손잡고 자기 아들인 고종을 왕위에 올렸어요. 흥선 대원군은 12세밖에 되지 않은 고종을 대신해 실권을 잡고 개혁 정치를 추진했어요.

흥선 대원군은 먼저 세도 정치를 무너뜨렸어요. 그동안 최고 권력을 누렸던 안동 김씨 세력과 부패한 관리들을 조정에서 내쫓고, 능력 있는 인재를 뽑아 벼슬을 주었어요. 또 높은 관직에 오른 안동 김씨 세력들이 모여 나랏일을 논의하던 '비변사'를 폐지했어요.

또한 백성들의 삶을 안정시킬 수 있는 다양한 개혁을 펼쳤어요. '호포제'를 실시해 상민 남자들이 군대에 가지 않는 대신 내던 군포를 양반들에게도 내게 했어요. 그리고 환곡제가 관리들의 부정부패로 백성들을 괴롭히는 제도가 되자 폐지했어요. 그 대신 마을마다 곡물을 빌려주는 사창을 만들고, 덕망 있는 사람을 뽑아 사창을 운영하게 하는 '사창제'를 실시했지요.

흥선 대원군은 당파 싸움의 근거지가 되었던 서원을 47곳만 남기고 600여 곳을 없앴어요. 원래 서원은 인재를 기르고 훌륭한 유학자의 제사를 지내는 곳이었어요. 그런데 서원이 붕당의 뿌리 역할을 하면서 당쟁을 일삼는 곳으로 변하자 모범적인 서원만 남기고 나머지는 없애 버렸지요.

흥선 대원군은 임진왜란 때 불에 탔던 경복궁을 다시 지어 왕의 권위를 높이려고 했어요. 이 과정에서 백성들을 강제로 불러 궁을 짓게 하고, 경복궁 공사비를 마련하려고 백성들에게 강제로 기부금을 걷었어요. 이러한 문제 때문에 흥선 대원군은 많은 업적에도 불구하고 백성들의 원망을 들을 수밖에 없었답니다.

▲ 경복궁 근정전 (한국민족문화대백과사전)

흥선 대원군은 경복궁 공사를 무리하게 진행해 백성들의 지지를 잃고 말았어.

01 흥선 대원군에 대한 설명으로 맞는 것을 모두 고르세요. (,   )

① 대왕대비와 손잡고 자기 아들을 왕위에 올렸어요.

② 고종을 왕위에 올리고 정치에서 물러났어요.

③ 안동 김씨 세력을 조정에서 내쫓지는 못했어요.

④ 능력 있는 인재를 뽑아 벼슬을 주었어요.

02 호포제와 사창제 중에서 어떤 제도에 대한 설명인지 쓰세요.

상민 남자들이 군대에 가지 않는 대신 내던 군포를 양반들에게도 내게 한 제도예요.

마을마다 곡물을 빌려주는 사창을 만들고, 덕망 있는 사람을 뽑아 사창을 운영하게 한 제도예요.

⑴ (   )   ⑵ (   )

03 흥선 대원군이 한 일에 대한 글을 읽고, 빈 곳에 알맞은 말을 쓰세요.

⑴ 세도 정치를 무너뜨리기 위해 높은 관직에 오른 안동 김씨 세력이 모여 나랏일을 논의하던 _____를 폐지했어요.

⑵ 인재를 기르고 훌륭한 유학자의 제사를 지내는 곳이었으나 당쟁을 일삼는 곳으로 변해 버린 _____을 47곳만 남기고 600여 곳을 없앴어요.

04 흥선 대원군이 왕의 권위를 높이려고 다시 지은 궁의 이름은 무엇인지 쓰세요.

어휘

수교 두 나라가 외교 관계를 맺음.

> 수교를 맺었으니 서로 물건을 사고팔 수 있겠군요.

> 서로 여행도 자유롭게 할 수 있게 합시다.

약탈 폭력을 써서 남의 것을 억지로 빼앗음.

> 곡식과 돈을 우리가 가져가겠다.

> 아이고, 내 돈! 이렇게 약탈을 당하다니.

엄벌 엄하게 벌을 줌. 또는 그 벌.

> 저 사람은 우리를 괴롭히던 사또 아니야?

> 맞아. 암행어사가 엄벌을 내려 모든 재산을 빼앗겼대.

외규장각 1782년에 정조가 강화도에 설치한 왕실 도서관.

> 외규장각에는 주로 역대 왕들의 글과 글씨, 왕실 관련 물품, 왕실의 행사 모습을 정리한 책인 『의궤』등을 보관했어.

이양선 모양이 다른 배라는 뜻으로, 주로 조선 시대에 서양의 배를 이르던 말.

> 우아, 조선 배와 모양이 다른 저 배가 서양에서 온 이양선이구나.

통상 나라와 나라 사이에 서로 물건을 사고팖. 또는 그런 관계.

> 청에서 온 안경, 시계, 망원경이 있습니다.

> 청과 통상을 시작하면서 신기한 물건이 많이 들어오네.

> 조선 인삼은 청에서 인기가 많으니 이거 모두 주십시오.

01　낱말과 그 뜻이 바르게 짝 지어진 것을 모두 찾아 ✓ 하세요.

(1) 약탈 – 폭력을 써서 남의 것을 억지로 빼앗음. ☐

(2) 외규장각 – 1782년에 정조가 강화도에 설치한 왕실 도서관. ☐

(3) 엄벌 – 엄하게 금지함. ☐

(4) 수교 – 두 나라의 외교 관계를 끊음. ☐

(5) 통상 – 나라와 나라 사이에 서로 물건을 사고팖. 또는 그런 관계. ☐

(6) 이양선 – 모양이 다른 배라는 뜻으로, 주로 조선 시대에 서양의 배를
　　　　　　이르던 말. ☐

02　(　　) 안에 알맞은 낱말을 보기 에서 찾아 기호를 쓰세요.

보기

㉠ 통상

㉡ 약탈

㉢ 엄벌

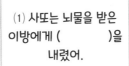
(1) 사또는 뇌물을 받은 이방에게 (　　　　)을 내렸어.

(2) 서양 강대국은 자기네 물건을 팔기 위해 조선에 (　　　　)을 요구했어.

(3) 해적들은 바닷가 마을 사람들의 식량을 (　　　　)해 갔어.

03　빈 곳에 알맞은 낱말을 보기 에서 찾아 쓰세요.

보기　　　외규장각　　　　이양선　　　　수교

(1) 조선 사람들은 ＿＿＿＿＿＿＿＿ 에서 내린 서양 사람들을 신기하게 쳐다보았어요.

(2) 두 나라는 ＿＿＿＿＿＿＿＿ 를 맺은 뒤 수출과 수입을 하는 물품이 많아졌어요.

(3) 강화도에 설치한 ＿＿＿＿＿＿＿＿ 에는 왕실과 관련된 서적이 보관되어 있었어요.

조선을 침략한 서양 세력

　19세기 중반 무렵에 미국, 프랑스, 독일 등의 서양 세력이 아시아로 몰려왔어요. 조선에도 서양의 여러 나라가 이양선을 이끌고 나타나 통상을 요구했지요. 하지만 흥선 대원군은 조선을 침략하려는 목적이 있다고 생각해 서양과의 수교를 거부했어요.

　그뿐만 아니라 흥선 대원군은 서양 종교인 천주교를 탄압했어요. 1866년에 프랑스 신부 9명과 조선 천주교 신자 8천여 명을 처형했지요. 이를 '병인박해'라고 해요. 프랑스는 병인박해를 빌미로 군함 7척을 이끌고 강화도를 침략해 '병인양요'를 일으켰어요. 프랑스 군은 대포를 쏘며 강화도를 점령한 뒤, 병인박해의 책임자를 엄벌할 것과 통상을 요구했어요. 그러나 흥선 대원군은 그들의 요구를 거절하고, 강화도에 군대를 보내 이들을 물리쳤어요. 병인양요로 조선은 큰 피해를 입었고, 무기와 곡식, 외규장각에 있던 귀중한 책과 문화재 등을 약탈당했어요.

　1871년에는 '신미양요'가 일어났어요. 신미양요가 일어나기 5년 전에 미국 제너럴셔먼호가 대동강을 거슬러 올라와 통상을 요구하며 난동을 부리자 평양의 군인과 백성들이 제너럴셔먼호를 불태웠던 사건이 있었어요. 미국은 이 사건의 배상금과 통상을 요구하면서 강화도를 침략했어요. 이번에도 흥선 대원군은 그들의 요구를 거부했고, 조선군은 미군에 강력하게 맞서 싸우며 저항했어요. 그러자 미군은 20여 일 후에 스스로 물러갔지요.

　서양의 침략을 두 번이나 겪은 흥선 대원군은 전국 곳곳에 '척화비'를 세워 서양과 교류하지 않겠다는 '통상 수교 거부 정책' 의지를 밝혔어요. 하지만 조선이 발전하려면 서양과 교류해야 한다고 주장하는 사람도 있었답니다.

흥선 대원군이 세운 척화비에는 "서양 오랑캐가 침입하는데 싸우지 않는다면 친하게 지내자는 것이요, 친하게 지내자고 주장하는 것은 나라를 팔아먹는 일이다."라고 쓰여 있어.

▲ 척화비 (한국민족문화대백과사전)

01 흥선 대원군이 프랑스 신부 9명과 조선 천주교 신자 8천여 명을 처형한 사건을 무엇이라고 하는지 쓰세요.

02 병인양요와 신미양요에 대한 표를 보고, 빈 곳에 알맞은 말을 쓰세요.

	병인양요	신미양요
침략한 때	1866년	1871년
침략한 나라	(1) ( )	(2) ( )
침략한 이유	(3) ( )을 요구하기 위해서	

03 병인양요에 대한 설명이면 '병', 신미양요에 대한 설명이면 '신'을 쓰세요.

(1) 평양의 군인과 백성들이 제너럴셔먼호를 불태운 사건을 빌미로 침략했어요. ☐

(2) 병인박해의 책임자를 엄벌할 것과 통상을 요구하며 쳐들어왔어요. ☐

(3) 강화도에서 외규장각에 있던 귀중한 책과 문화재 등을 약탈해 갔어요. ☐

(4) 흥선 대원군이 요구를 거부하고, 조선군이 저항하자 스스로 물러갔어요. ☐

04 ( ) 안에 알맞은 말을 **보기** 에서 찾아 쓰세요.

보기 ㉠ 탕평비   ㉡ 통상 수교 거부 정책   ㉢ 척화비   ㉣ 통상 수교 승인 정책

흥선 대원군은 전국 곳곳에 (   )를 세워 서양과 절대 교류하지 않겠다는 (   ) 의지를 강하게 밝혔어요.

글을 읽고 분홍 접시에서 같은 모양의 과자를 찾아 뜻에 알맞은 낱말을 쓰세요.

번호에 해당하는 글의 내용이 맞으면 ○, 틀리면 ✕를 따라가며 줄을 그으세요.

❶ 세도 가문이 세도 정치를 하면서 왕권이 더 강화되었어요.

❷ 홍경래는 난을 일으켜 탐관오리의 곡식을 빼앗아 백성들에게 나누어 주었어요.

❸ 철종 말기 때 농민들이 전국적으로 봉기를 일으켰어요.

❹ 천주교는 서양의 학문으로 받아들여 서학이라고 불렸어요.

❺ 최제우는 서학을 좋아해 서학과 비슷한 종교인 동학을 만들었어요.

❻ 흥선 대원군은 서원 47곳만 남기고 600여 곳을 없앴어요.

❼ 흥선 대원군은 서양 세력이 이양선을 이끌고 와 통상을 요구하자 통상 수교를 맺었어요.

토끼전

토끼는 백사장에 오르자마자 가로로 뛰고 세로로 뛰며 기쁨을 감추지 못한다. 또 앞으로 뛰었다가 뒤로 뛰었다가 하면서 별주부에게 무수히 욕을 한다.

"저절로 생긴 오장육부 어찌 함부로 바꿀 수 있겠는가? 간을 꺼내고 넣고 한다는 말은 듣도 보도 못했다. 네 임금 어리석고 네 조정 신하 미련하더라. 함정에 든 범이요, 우물에 든 고기를 살려 보내고 골수에 깊이 든 병 고치고자 했더냐? 산중 토생원을 뉘라서 유인하랴? 꾀도 많고 말솜씨도 대단하구나. 산속 재미 부족하다고 수국에 벼슬하러 갔다가 거의 죽게 되었더니, 천신만고 살았구나. 이내 계교 생각하면 묘할 묘 자가 아닌가?

내 배 속에 간이 잔뜩 들었다만, 미련하다 저 자라야, 배 속에 있는 간을 어찌 마음대로 할 수 있단 말이냐? 네 충성 지극하기로 병든 용왕 살리자고 성한 토끼 나 죽으랴? 수국이 좋다 해도 이 산중만 못하더라. 너의 수국 맛난 음식 도토리만 못하더라. 천일주가 좋다 해도 맛 좋은 물만 못하더라. 불로초가 좋다 해도 칡뿌리만 못하더라.

자라야 잘 가거라. 무슨 일로 너 왔더냐? 생각하면 할수록 우습구나. 네 마음 원통하거든 다시 꾀를 내어 나를 데려가 보아라. 네 사정 생각하면 원통타 하겠지만, 네 체면 세우자고 내 목숨 어찌하겠느냐? 고국에 돌아오니 시원하기도 시원하구나."

(중략)

토끼가 산속으로 뛰어 들어가니 자라는 토끼를 놓치고 기가 막혀 울음을 운다.

"애고, 애고, 애고, 애고, 어디 가서 토끼를 잡을꼬? 이렇게 맹랑한 일이 또 어디 있단 말인가? 내 충성 부족하든가 대왕의 명이 짧든가? 수궁까지 가던 토끼 너른 산속 다시 놓아주니, 이제 어디 가서 다시 토끼를 잡으리오. 우리 대왕 죽고 나면 수국의 모든 일을 누구와 의논할 수 있단 말인가? 우리 나라 굳은 사직 속절없이 되었구나. 애고애고, 설운지고."

별주부는 수국으로 들어가지 못하고 그길로 소상강으로 돌아가서 대숲에 의지하여 살아간다.

장재화, 『토끼전, 꾀주머니 배 속에 차고 계수나무에 간 달아 놓고』, ㈜휴머니스트

01 토끼가 별주부에게 욕을 한 이유를 찾아 ○ 하세요.

| 병을 고쳐 주지 않아서 | 용왕을 만나지 못하게 해서 | 간을 꺼내 가려고 해서 | 수국에 살지 못하게 해서 |

02 토끼가 수국에 가서 한 일을 모두 고르세요. (,   )

① 수국에서 벼슬을 했어요.

② 수국의 맛난 음식을 먹었어요.

③ 용왕의 병을 고쳐 주었어요.

④ 천일주를 맛보았어요.

03 별주부가 수국으로 돌아가지 않은 이유를 바르게 말한 친구를 찾아 ○ 하세요.

소상강 대숲이 너무 멋지기 때문이야.

빵이

토끼를 놓쳤기 때문이야.

꽈리

수국의 대왕이 죽었기 때문이야.

롱이

수국에서 오지 말라고 했기 때문이야.

소라

어휘 풀이

- **오장육부** 오장과 육부라는 뜻으로, 몸 안에 있는 모든 내장을 이르는 말.
- **수국** 바다의 세계. 용왕이 다스리는 나라.
- **천신만고** 천 가지 매운 것과 만 가지 쓴 것이라는 뜻으로, 온갖 어려운 고비를 다 겪으며 심하게 고생함을 이르는 말.
- **계교** 요리조리 헤아려 보고 생각해 낸 꾀.
- **천일주** 빚어 담근 지 천 일 만에 마시는 술.
- **불로초** 먹으면 늙지 않는다는 상상의 풀.
- **맹랑하다** 처리하기 어렵거나 난처하다.
- **사직** 나라 또는 나라의 정치가 이루어지는 곳.
- **속절없이** 단념할 수밖에 달리 어찌할 도리가 없이.

3주 조선 시대 5

1일

어휘 | 개항, 근대적, 유신, 자주국, 조약, 측량
독해 | 불평등한 강화도 조약

2일

어휘 | 개국, 개화, 공사관, 교관, 진압, 폭동
독해 | 임오군란과 갑신정변

3일

어휘 | 공적, 군수, 수탈, 저수지, 철수, 화약
독해 | 동학 농민 운동이 일어나다

5일

어휘 | 거처, 반발, 상투, 시해, 압력, 자객
독해 | 조선의 슬픈 역사, 을미사변과 아관 파천

4일

어휘 | 권한, 도량형, 식민지, 제한, 친일, 포위
독해 | 조선, 근대 국가로 나아가다

6일

복습

개항 외국과 교류를 하고 물품을 사고팔 수 있게 항구를 개방함.

근대적 근대에 맞게 바뀌거나 발전한. 또는 과거와 다른 새로운.

유신 낡은 제도를 고쳐 새롭게 함.

자주국 다른 나라의 간섭이나 도움을 받지 않는 나라.

조약 나라와 나라 사이에 합의에 따라 맺은 약속.

측량 기기를 사용하여 물건의 높이, 깊이, 넓이, 방향 등을 잼.

01 빈 곳에 알맞은 낱말을 보기 에서 찾아 쓰세요.

| 보기 | 나라 | 제도 | 약속 |

(1) '조약'은 나라와 나라 사이에 합의에 따라 맺은 _____을 말해요.

(2) '자주국'은 다른 나라의 간섭이나 도움을 받지 않는 _____를 말해요.

(3) '유신'은 낡은 _____를 고쳐 새롭게 하는 것을 말해요.

02 (   ) 안에서 알맞은 낱말을 골라 ○ 하세요.

(1) (근대적 | 현대적) : 근대에 맞게 바뀌거나 발전한. 또는 과거와 다른 새로운.

(2) (교량 | 측량) : 기기를 사용하여 물건의 높이, 깊이, 넓이, 방향 등을 잼.

(3) (개통 | 개항) : 외국과 교류를 하고 물품을 사고팔 수 있게 항구를 개방함.

03 밑줄 친 낱말이 바르게 쓰인 것을 모두 찾아 ✔ 하세요.

(1) 조선은 젊은이들에게 외국의 발전된 **근대적** 기술을 배워 오게 했어요.   ☐

(2) 그 나라는 힘이 약해 모든 일에 강대국의 참견을 받는 **자주국**이에요.   ☐

(3) 두 나라는 외교 관계를 맺고, 무역에 대한 **조약**도 맺었어요.   ☐

(4) 조선은 외국과의 교류를 모두 끊고 **개항**을 강력하게 추진했어요.   ☐

(5) 건축가는 건물을 짓기 위해 **측량** 도구로 땅의 면적을 재었어요.   ☐

(6) 왕은 나라의 발전을 위해 낡은 제도를 고치는 **유신**을 일으켰어요.   ☐

불평등한 강화도 조약

고종은 22세가 되던 1873년부터 나라를 직접 다스렸어요. 흥선 대원군은 10년간 휘두르던 권력을 아들에게 넘겨주고 강제로 물러났지요.

흥선 대원군이 물러난 뒤 조선도 일본처럼 개항해 서양의 문물을 받아들여야 한다고 주장하는 사람들이 많아졌어요. 실제로 일본은 '메이지 유신'이라는 개혁을 하면서 서양 문물을 받아들여 눈부신 발전을 이루었지요.

일본은 1875년에 최신식 군함인 운요호를 몰고 와 조선의 허락도 없이 강화도 초지진에 접근했어요. 조선군은 더는 접근하지 말라는 의미로 운요호 주변에 대포를 쏘았지요. 그러자 일본 군함은 조선군이 먼저 대포를 쏘았다며 초지진을 공격하고 영종도에 상륙해 조선 백성들을 죽이고 약탈했어요. 이 사건을 '운요호 사건'이라고 해요.

운요호 사건이 있고 나서 몇 개월 뒤, 일본은 군함 6척을 끌고 강화도로 와서 운요호 사건을 핑계로 통상을 요구하며 조약 맺기를 강요했어요. 결국 조선은 준비가 부족한 상태에서 일본의 요구를 그대로 받아들이며 1876년에 일본과 '강화도 조약'을 맺었어요.

강화도 조약은 조선이 외국과 맺은 최초의 근대적 조약이었으나 일본에 유리한 불평등 조약이었어요. 이 조약에서 일본은 조선을 자주국으로 규정해 청의 간섭을 막으려고 했어요. 또 일본 항해자들이 조선의 해안을 자유롭게 측량할 수 있도록 했으며, 일본인이 조선에서 죄를 지어도 조선 법에 따라 처벌할 수 없도록 했어요. 이후 조선은 미국, 영국, 독일, 러시아 등과 통상 조약을 맺으며 교류를 시작했어요.

강화도 조약의 주요 내용	일본의 의도
• 조선은 자주국으로 일본과 평등한 권리가 있다.	• 중국 청이 조선에 대해 간섭하지 못하게 한다.
• 조선의 해안을 일본 항해자가 자유로이 측량할 수 있다.	• 지도를 만들어 놓아 후에 조선을 침략할 때를 대비한다.
• 개항한 항구에서 일본인이 죄를 지으면 일본 법에 따라 처벌한다.	• 일본인이 나쁜 짓을 해도 조선은 일본인을 처벌할 수 없다.

일본은 조선이 세계적 흐름에 어둡다는 것을 알고 이런 불리한 내용을 넣었어.

01 강화도 조약을 맺기 전 조선의 상황에 대한 설명으로 <u>틀린</u> 것을 모두 고르세요.

(,   )

① 고종이 22세가 되면서부터 나라를 직접 다스렸어요.

② 흥선 대원군이 10년간 권력을 휘두르다 스스로 물러났어요.

③ 흥선 대원군이 물러나자 조선도 개항해 서양 문물을 받아들이자는 사람이 많아졌어요.

④ 고종은 일본처럼 유신을 일으켜 서양 문물을 받아들였어요.

02 일본 군함이 강화도에 침입해 초지진을 공격하고 영종도에 상륙해 조선 백성들을 죽이고 약탈한 사건을 무엇이라고 하는지 쓰세요.

03 글을 읽고, 알맞은 말에 ○ 하세요.

조선은 1876년에 일본과 조선 최초의 근대적 조약인 (**강화도** | **메이지**) 조약을 맺었어요. 하지만 이 조약은 (**조선** | **일본**)에 유리한 불평등한 조약이었어요.

04 강화도 조약에 대해 바르게 말한 친구를 모두 찾아 ○ 하세요.

일본은 청의 간섭을 막고자 조선을 자주국으로 규정했어.

롱이

일본 항해자들이 조선의 해안을 자유롭게 측량할 수 있게 했어.

핫또야

일본인이 조선에서 죄를 지으면 조선 법에 따라 처벌할 수 있도록 했어.

소라

63

어휘

개국 우체국이나 방송국 등이 일을 처음으로 시작함.

개화 외국의 발전된 사상과 문물을 받아들여 생각과 생활 방식이 바뀜.

공사관 외교관이 다른 나라에 나가서 일을 보는 곳.

교관 군대에서 군사들을 교육하거나 훈련하는 일을 맡은 장교.

진압 강제로 억눌러 진정시킴.

폭동 여러 사람이 집단으로 폭력 행위를 일으켜 사회를 어지럽게 하는 일.

64

01 뜻에 알맞은 낱말을 보기 에서 찾아 빈칸에 쓰세요.

보기	공사관	폭동	개국	교관	진압	개화

(1) 여러 사람이 집단으로 폭력 행위를 일으켜 사회를 어지럽게 하는 일. [   ]

(2) 군대에서 군사들을 교육하거나 훈련하는 일을 맡은 장교. .... [   ]

(3) 외교관이 다른 나라에 나가서 일을 보는 곳. .... [   ]

(4) 외국의 발전된 사상과 문물을 받아들여 생각과 생활 방식이 바뀜. .... [   ]

(5) 강제로 억눌러 진정시킴. .... [   ]

(6) 우체국이나 방송국 등이 일을 처음으로 시작함. .... [   ]

02 〔   〕 안에서 알맞은 낱말을 골라 ○ 하세요.

(1) 유생들은 외국 문물을 받아들이려는 〔 개점 개화 〕 정책에 반대했어요.

(2) 조선 조정은 군대를 보내 농민들이 일으킨 봉기를 〔 진압 진술 〕 했어요.

(3) 아빠는 외교관이셔서 중국에 있는 〔 공사관 전시관 〕 에서 근무하세요.

03 (   ) 안에 알맞은 낱말을 보기 에서 찾아 기호를 쓰세요.

보기

㉠ 폭동

㉡ 교관

㉢ 개국

(1) 훈련병들은 (   )의 지시에 따라 빠르게 줄을 맞추어 섰어.

(2) 이웃 나라에서 독재에 반대하는 (   )이 일어났대.

(3) 우체국에서 오늘 (   ) 10주년 기념 선물을 나눠 주었어.

임오군란과 갑신정변

조선은 개항 이후 개화 정책을 펼치면서 이에 따른 여러 가지 문제가 발생했어요.

고종은 개화 정책 중 하나로 '별기군'이라는 신식 군대를 만들었어요. 별기군은 일본인 교관에게 근대식 군사 훈련을 받았고, 급료도 많이 받으며 좋은 대우를 받았어요. 반면에 구식 군대의 군인들은 급료를 1년 넘게 받지 못하다가 간신히 급료를 받았는데, 쌀에 모래와 겨가 섞여 있었지요. 이에 불만이 폭발한 구식 군대의 군인들은 폭동을 일으켜 일본인 교관을 죽이고, 일본 공사관을 공격했어요. 또 궁궐을 습격해 왕비까지 살해하려고 했지요. 이 난을 '임오군란'이라고 해요. 임오군란을 일으킨 군인들은 청이 보낸 군에 의해 진압되었어요. 이때부터 청은 조선 정치에 간섭하기 시작했지요.

임오군란 이후 조선을 개화하려는 개화파가 온건 개화파와 급진 개화파로 나누어졌어요. 김홍집, 김윤식 등 온건 개화파는 청의 도움을 받아 조선의 법과 제도를 유지하면서 서양의 기술만 받아들이자고 주장했어요. 반면에 김옥균, 박영효 등 급진 개화파는 청의 간섭에서 벗어나 서양의 사상과 제도까지 적극적으로 받아들이자고 주장했어요.

▲ 갑신정변의 주역들. 왼쪽부터 박영효, 서광범, 서재필, 김옥균.

1884년에 급진 개화파는 일본의 지원을 약속받고, 우정총국 개국 축하연을 틈타 '갑신정변'을 일으켰어요. 이들은 새 정부를 구성하고, 청으로부터 독립, 신분제 폐지, 능력에 따른 관리 등용, 탐관오리 처벌 등의 내용을 담은 개혁 정책을 발표했어요. 그러나 청의 군에 의해 진압되어 정변은 3일 만에 끝나고 말았어요. 갑신정변은 일본의 힘에 의지했고, 제대로 준비하지 못한 상태에서 개혁을 시도해 실패하고 말았답니다.

▲ 우정총국(현재 복원된 모습)

우정총국은 옛날에 우편 업무를 위해 설치한 관청으로, 지금의 우체국과 비슷해.

01 별기군에 대한 글을 읽고, 알맞은 말에 ○ 하세요.

> 고종은 개화 정책 중 하나로 별기군이라는 (구식 | 신식) 군대를 만들었는데,
> 별기군은 (일본인 | 중국인) 교관에게 근대식 군사 훈련을 받았어요.

02 구식 군대의 군인들에 대한 설명이 맞으면 ○, 틀리면 X 하세요.

⑴ 급료를 1년 넘게 받지 못하다가 모래와 겨가 섞인 쌀을 받았어요.   (   )

⑵ 폭동을 일으켜 일본인 교관을 죽이고 일본 공사관을 공격했어요.   (   )

⑶ 궁궐을 습격해 왕비를 살해했어요.   (   )

⑷ 임오군란을 일으킨 군인들은 청이 보낸 군에 의해 진압되었어요.   (   )

03 갑신정변에서 급진 개화파가 발표한 개혁 정책을 모두 찾아 ◯로 묶으세요.

청으로부터 독립   능력에 따른 관리 등용   탐관오리 처벌

다른 나라와 통상 수교 거부   신분제 폐지

04 갑신정변이 전개된 과정의 순서대로 빈칸에 번호를 쓰세요.

새 정부를 구성하고 개혁 정책을 발표했어요.   [ ]

청의 군에 의해 진압되었어요.   [ ]

일본의 지원을 약속받았어요.   [ ]

우정총국 개국 축하연을 틈타 정변을 일으켰어요.   [ ]

공적 많은 사람을 위하여 힘을 들여 이루어 놓은 훌륭한 일.

군수 조선 시대에 둔, 지방 행정 단위인 군의 으뜸 벼슬.

수탈 약한 상대의 것을 강제로 빼앗음.

저수지 하천이나 골짜기를 막아 물을 모아 둔 큰 못.

철수 있던 곳에서 시설이나 장비 등을 거두어서 가지고 물러남.

화약 화목하게 지내자는 약속.

01 뜻에 알맞은 낱말을 찾아 선으로 이으세요.

(1) 조선 시대에 둔, 지방 행정 단위인 군의 으뜸 벼슬.   • ㉠ 철수

(2) 하천이나 골짜기를 막아 물을 모아 둔 큰 못.   • ㉡ 저수지

(3) 있던 곳에서 시설이나 장비 등을 거두어서 가지고 물러남.   • ㉢ 공적

(4) 많은 사람을 위하여 힘을 들여 이루어 놓은 훌륭한 일.   • ㉣ 군수

02 빈칸에 알맞은 글자를 모두 찾아 ○ 하세요.

(1) 약한 상대의 것을 강제로 빼앗음.   검 모 수 이 탈

(2) 화목하게 지내자는 약속.   침 화 장 약 답

03 빈 곳에 알맞은 낱말을 보기 에서 찾아 쓰세요.

보기   화약   수탈   공적   저수지   철수   군수

(1) 할아버지는 정부로부터 독립운동을 한 _____ 을 인정받았어요.

(2) 사람들은 가뭄을 해결하기 위해 물을 모아 두는 _____ 를 만들었어요.

(3) 두 나라는 전쟁을 그만하고 _____ 을 맺어 평화롭게 지내기로 했어요.

(4) 전라도 고부 지역을 다스리던 _____ 는 돈만 밝히는 탐관오리였어요.

(5) 수령이 농작물을 심하게 _____ 해서 백성들은 먹고살기가 힘들었어요.

(6) 외국 회사는 한국에서 물건이 잘 팔리지 않자 _____ 했어요.

동학 농민 운동이 일어나다

갑신정변 이후에도 백성들은 탐관오리들의 부정부패로 여전히 살기 힘들었어요. 그러자 가장 먼저 전라도 고부에서 봉기가 일어났어요. 고부의 군수인 조병갑은 아버지의 공적을 기리는 비석을 세운다며 돈을 걷기도 하고, 저수지를 만들어 놓고 강제로 물세를 받는 등 갖은 이유를 들어 백성들을 수탈했어요. 결국 농민들은 동학의 지도자인 전봉준을 중심으로 고부 관아를 공격해 억울하게 감옥에 갇힌 사람을 풀어 주고, 농민들에게 곡식을 나누어 주었어요. 그 뒤로 수많은 전라도 농민들이 모여 '동학 농민 운동'을 일으켰어요. 동학 농민군은 전라도 여러 지역에서 관군과 싸워 승리하고 전주성까지 차지했어요.

이에 놀란 조선 정부는 청에 군대를 요청했어요. 청이 군대를 보내 주자, 일본도 조선에 군대를 보냈어요. 동학 농민군은 외국 군대의 개입을 두고 볼 수가 없었어요. 그래서 자신들의 개혁안을 제시하고, 조선 정부와 '전주 화약'을 맺은 다음 스스로 흩어졌어요. 고향으로 돌아온 농민군은 집강소를 세우고 사회 개혁을 이루려고 노력했어요.

전주 화약 이후 조선 정부는 청과 일본에 군대를 철수할 것을 요구했으나, 일본은 조선의 요구를 거부하고 청의 함대를 기습 공격해 '청일 전쟁'을 일으켰어요. 이 소식을 들은 동학 농민군은 일본을 몰아내고자 2차 봉기를 일으켰어요. 하지만 변변한 무기가 없던 농민군은 최신 무기로 싸우는 관군과 일본군을 이길 수 없었어요. 결국 전봉준을 비롯한 지도자들이 체포되어 처형됨으로써 동학 농민 운동은 실패하고 말았지요.

동학 농민 운동은 실패로 끝났지만, 농민들이 스스로 일어나 평등한 사회를 이룰 것과 외국 세력을 몰아낼 것을 주장한 중요한 사건이었어요.

개혁안의 주요 내용

1. 탐관오리와 못된 양반을 처벌하라.
2. 노비 문서를 불태워라.
3. 삽다한 세금을 없애라.
4. 일본에 협력하는 사람을 처벌하라.
5. 토지를 균등하게 나누어 달라.

나라를 돕고 백성을 편안하게 합시다.

포악한 정치를 없애고 백성을 구합시다.

01 누구에 대한 설명인지 알맞은 이름을 쓰세요.

(1) 전라도 고부의 군수로, 백성들을 수탈했어요.

(2) 동학의 지도자로, 농민들의 봉기를 주도했어요.

02 동학 농민 운동에 대한 설명이 맞는 것을 모두 찾아 ✔ 하세요.

(1) 농민들이 봉기를 일으켰지만 관군에 의해 전주성에서 진압되었어요.

(2) 전봉준을 중심으로 농민들이 모여 동학 농민 운동을 일으켰어요.

(3) 동학 농민군은 청을 몰아내고자 2차 봉기를 일으켰어요.

(4) 농민군은 2차 봉기에서 일본군과 관군에 패했어요.

03 글을 읽고, 빈 곳에 알맞은 말을 쓰세요.

　　동학 농민군은 청과 일본 군의 개입을 막기 위해 자신들의 개혁안을 제시하고,
　　조선 정부와 ＿＿＿＿＿＿＿＿을 맺은 다음 스스로 흩어졌어요.

04 전주 화약 이후에 일어난 일을 바르게 말한 친구를 모두 찾아 ○ 하세요.

조선 정부가 청과 일본에 군대를 철수하라고 요구했어.
롱이

청이 일본의 함대를 기습 공격해 청일 전쟁을 일으켰어.
꽈리

일본이 조선에서 모든 군대를 철수했어.
또띠

농민군은 집강소를 세우고 사회 개혁을 이루려고 노력했어.
핫또야

권한 사람이 자신의 역할이나 직책으로부터 받은 권리.

> 백성들을 수탈한 수령은 관직에서 물러나시오.

> 임금도 아닌 암행어사가 어찌 나를 관직에서 쫓아낸단 말이오?

> 암행어사는 그럴 권한이 있사옵니다.

도량형 길이, 부피, 무게 등의 단위를 재는 법.

> 조선 시대에 쓰던 부피 도량형 단위에는 홉과 되 등이 있고, 지금 쓰는 도량형 단위에는 ㎖, ℓ 등이 있어.

> 한 홉이야.

> 한 홉은 약 180㎖야.

> 한 되야.

> 한 되는 약 1.8ℓ야.

식민지 힘이 센 다른 나라로부터 정치적, 경제적으로 지배를 받는 나라.

> 너희 나라는 일본의 식민지가 되었다.

> 아이고, 나라를 빼앗기다니!

제한 일정한 한도를 정하거나 그 한도를 넘지 못하게 막음. 또는 그렇게 정한 한계.

> 오늘 등산을 못 하나요?

> 네, 죄송합니다. 산림 보호를 위해 등산객 수를 천 명으로 제한하고 있습니다.

친일 일본을 가깝게 여기어 친하게 지냄.

> 일본이 시키는 대로만 하면 개혁할 수 있소.

> 조선과 일본, 친하게 지냅시다.

> 조선의 이익은 나 몰라라 하고 친일만 하고 있으니. 쯧!

포위 주위를 빙 둘러쌈.

> 돼지가 도망가요. 돼지를 포위해 주세요.

> 포위해라, 포위!

01 낱말의 뜻을 보기 에서 찾아 기호를 쓰세요.

> **보기**
>
> ㉠ 길이, 부피, 무게 등의 단위를 재는 법.
>
> ㉡ 힘이 센 다른 나라로부터 정치적, 경제적으로 지배를 받는 나라.
>
> ㉢ 사람이 자신의 역할이나 직책으로부터 받은 권리.
>
> ㉣ 주위를 빙 둘러쌈.
>
> ㉤ 일본을 가깝게 여기어 친하게 지냄.
>
> ㉥ 일정한 한도를 정하거나 그 한도를 넘지 못하게 막음. 또는 그렇게 정한 한계.

(1) 도량형 (   )   (2) 포위 (   )   (3) 권한 (   )

(4) 식민지 (   )   (5) 제한 (   )   (6) 친일 (   )

02 [   ] 안에서 알맞은 낱말을 골라 ○ 하세요.

(1) 일본은 [친일 | 반일] 세력을 통해 조선을 지배하려고 했어요.

(2) 그 영어 시험 시간은 두 시간으로 [방치 | 제한] 되어 있었어요.

(3) 우리나라 대통령은 국군을 통솔하는 [권한 | 괴한] 이 있어요.

03 빈칸에 알맞은 낱말이 차례대로 묶인 것을 고르세요. (   )

· 유럽의 여러 나라는 아프리카를 침략해 [   ]로 만들었어요.

· 미국과 우리나라는 [   ]이 달라서 길이나 무게의 단위를 바꾸어 계산해야 해요.

· 적군은 순식간에 성을 [   ]하고 항복을 요구했어요.

① 도량형 – 식민지 – 포위   ② 식민지 – 도량형 – 포위

③ 포위 – 도량형 – 식민지   ④ 식민지 – 포위 – 도량형

조선, 근대 국가로 나아가다

1894년에 조선의 상황은 매우 혼란스러웠어요. 일본은 조선에서 청일 전쟁을 일으키기 전에 군대를 동원해 조선의 경복궁을 포위했어요. 그리고 조선 정부를 압박해 김홍집을 중심으로 한 새로운 친일 정부를 구성했지요.

김홍집이 이끄는 정부는 '군국기무처'라는 기구를 세우고, 조선을 근대 국가로 발전시키기 위해 정치, 경제, 사회 전반에 걸쳐 1차 갑오개혁을 실시했어요. 갑오개혁 정부는 먼저 왕실 관련 일만 하는 궁내부를 만들고, 일반 행정은 의정부에서 맡도록 했지요. 그리고 과거제와 신분 제도를 없애면서, 신분과 관계없이 능력이 뛰어난 인재를 뽑아 관리로 임명하는 제도를 마련했어요. 이 밖에 도량형을 통일하고, 모든 세금을 화폐로 내도록 하고, 일찍 결혼하는 조혼을 금지하고, 과부의 재혼을 허용하는 개혁을 추진했어요.

일본은 청일 전쟁에서 승리가 거의 확실시되자 본격적으로 조선 정치에 간섭했어요. 일본은 군국기무처를 폐지하고, 일본에 있던 박영효를 불러 새로운 정부를 구성하고 2차 갑오개혁을 추진했어요. 박영효를 중심으로 한 정부는 개혁안인 '홍범 14조'를 발표했어요. 홍범 14조에는 청에 의존하지 않고, 세금을 법에 따라 거두고, 지방관의 권한을 제한하는 내용이 있었어요. 또 젊은이를 외국에 파견해 외국의 문물을 익히도록 하고, 법을 만들어 백성의 생명과 재산을 보호한다는 등의 내용도 있었지요.

이처럼 일본이 조선의 개혁을 계속 간섭하며 추진한 이유는 조선을 청의 간섭에서 벗어나게 해서 일본 영향 아래에 두기 위해서였어요. 그리고 후에 조선을 일본의 식민지로 만들어 지배하려는 속셈이 있었기 때문이랍니다.

01 김홍집이 이끄는 친일 정부가 정치, 경제, 사회 전반에 걸쳐 추진한 개혁을 무엇이라고 하는지 쓰세요.

[   ]

02 1차 갑오개혁에 대해 바르게 말한 아이를 모두 찾아 이름을 쓰세요. (,   )

• **은정** : 군국기무처라는 기구를 세우고 개혁을 추진했어.

• **성웅** : 일찍 결혼하는 조혼을 허용하고, 과부의 재혼을 금지했어.

• **규필** : 의정부가 왕실 관련 일과 일반 행정 일을 같이 맡았어.

• **혜영** : 도량형을 통일하고, 모든 세금을 화폐로 내게 했어.

03 홍범 14조의 내용을 모두 찾아 ○ 하세요.

청에 의존하지 않기

지방관에게 모든
권한 주기

세금을 법에 따라
거두기

젊은이를 외국에 보내
조선 문화 알리기

법을 만들어 백성을
보호하기

일본 정치에
간섭하기

04 일본이 조선의 개혁에 간섭한 이유에 대한 설명이 맞으면 '예', 틀리면 '아니요'에 ○ 하세요.

(1) 조선을 발전시켜 청일 전쟁에서 도움을 받기 위해서예요.   예   아니요

(2) 조선을 위하는 마음으로, 조선을 청보다 발전시키기 위해서예요.   예   아니요

(3) 조선을 일본의 영향 아래 두기 위해서예요.   예   아니요

(4) 후에 조선을 일본의 식민지로 만들기 위해서예요.   예   아니요

거처 일정하게 자리를 잡고 사는 일. 또는 그 장소.

> 엄마, 이 집으로 이사 올 거예요?

> 응, 엄마 직장이랑 네 학교가 가까운 이곳으로 거처를 옮기려고. 이제 여기서 쭉 살자.

반발 어떤 상태나 행동 등에 대하여 반대함.

> 개화는 아니 되옵니다! 조선의 전통을 지켜야 합니다.

> 전하, 양반과 유생들이 개화 결정에 반발하고 있습니다.

상투 옛날에 성인 남자가 머리털을 머리 위에 하나로 뭉쳐서 감아 맨 것.

> 성인이 되어 상투를 틀었으니 이제 갓을 쓰자꾸나.

> 머리털을 끌어 올려 정수리 위에 틀어 감아 상투를 틀었네.

시해 부모나 임금을 죽임.

> 조선의 국모를 해치웠다!

> 조선의 왕후를 일본 사람들이 시해했어. 흑흑!

압력 어떤 요구에 따르도록 강요하는 힘.

> 내 말대로 감독을 교체하세요.

> 높은 직위를 이용해 마음대로 하려고 압력을 주는군. 그건 안 되지!

자객 남에게 부탁을 받고 사람을 몰래 죽이는 일을 전문으로 하는 사람.

> 앗, 자객이다!

> 이런, 들켰네!

01 뜻에 알맞은 낱말이 되도록 **보기** 에서 글자를 모두 찾아 빈칸에 쓰세요.

보기	거	반	시	처	해	발

(1) 일정하게 자리를 잡고 사는 일. 또는 그 장소. ┈┈┈┈┈┈┈┈ ☐ ☐

(2) 어떤 상태나 행동 등에 대하여 반대함. ┈┈┈┈┈┈┈ ☐ ☐

(3) 부모나 임금을 죽임. ┈┈┈┈┈┈┈┈┈┈┈┈┈┈┈ ☐ ☐

02 낱말과 그 뜻이 바르게 짝 지어진 것을 모두 찾아 ✓ 하세요.

(1) 압력 – 어떤 요구에 따르도록 강요하는 힘. ☐

(2) 상투 – 옛날에 성인 남자가 머리에 쓰던, 테가 넓고 둥근 모자. ☐

(3) 자객 – 남에게 부탁을 받고 사람을 몰래 죽이는 일을 전문으로 하는 사람. ☐

03 (   ) 안에 알맞은 낱말을 **보기** 에서 찾아 기호를 쓰세요.

보기	㉠ 자객	㉡ 상투	㉢ 거처	㉣ 시해	㉤ 압력	㉥ 반발

(1) 사장은 회장의 사퇴하라는 (   )을 받고 결국 사퇴했어요.

(2) 양반은 단정히 (   )를 틀고, 갓을 썼어요.

(3) 마을 사람들은 홍수로 집이 물에 잠겨 한동안 마을 회관에서 (   )했어요.

(4) 학생들은 축구 동아리를 없앤다는 이야기에 크게 (   )했어요.

(5) (   )이 높은 담장을 훌쩍 넘어 친일을 한 양반을 살해했어요.

(6) 귀족들은 폭군인 왕을 (   )하고 새로운 왕을 세우기 위해 계획을 세웠어요.

조선의 슬픈 역사, 을미사변과 아관 파천

일본은 청일 전쟁에서 이기고 중국 청의 랴오둥반도를 차지했어요. 러시아는 이런 일본을 견제하기 위해 프랑스와 독일을 설득해 일본에 압력을 넣었어요. 일본은 어쩔 수 없이 랴오둥반도를 청에 돌려주었는데, 이 사건을 '삼국 간섭'이라고 해요.

▲ 명성 황후가 시해되었던 경복궁 안의 건청궁 옥호루(현재 복원된 모습)

삼국 간섭 이후 고종과 명성 황후는 일본의 간섭에서 벗어나기 위해 러시아를 끌어들였어요. 고종은 친일 세력을 쫓아내고 러시아와 친한 신하들에게 나랏일을 맡겼지요. 위기를 느낀 일본은 명성 황후가 러시아를 끌어들였다고 생각해 경복궁으로 자객을 보내 명성 황후를 시해하고 시신을 불태우는 끔찍한 일을 저질렀어요. 이 사건이 '을미사변'이에요. 이 일로 조선 백성들은 큰 충격을 받았지요.

을미사변 이후 일본은 김홍집을 중심으로 한 친일 세력으로 다시 정부를 꾸리고 개혁을 추진하게 했어요. 이 개혁을 '을미개혁'이라고 하는데, 이때 상투를 자르는 단발령이 내려졌어요. 백성들은 머리카락을 부모가 주신 것이라 함부로 하지 않았기 때문에 크게 분노했어요. 을미사변으로 반일 감정이 커진 가운데 단발령까지 내려지자, 이에 반발한 유생들이 전국 곳곳에서 의병을 일으켰어요. 의병들은 일본군과 친일파 관리들을 공격했지요.

고종은 을미사변 이후 자신의 안전을 지키기 위해 일본의 영향력에서 벗어나고 싶어했어요. 이때 러시아 공사가 고종을 설득해 고종과 세자의 거처를 러시아 공사관으로 옮기게 했어요. 이 사건을 '아관 파천'이라고 해요. 이 일로 조선에 대한 일본의 간섭은 줄었지만 러시아의 영향력이 커지게 되었답니다.

고종은 러시아 공사관에 약 1년 동안 머물렀어. 그동안 러시아뿐만 아니라 미국, 독일, 프랑스, 일본은 조선에서 여러 경제적 이익을 챙겨 갔어.

▲ 러시아 공사관의 현재 모습
(한국민족문화대백과사전)

3주
5일

01 친구들이 말하는 나라를 보기 에서 찾아 기호를 쓰세요.

보기

㉠ 미국
㉡ 일본
㉢ 조선
㉣ 러시아

(1) (   )은/는 프랑스, 독일과 함께 삼국 간섭을 했어.

(2) (   )은/는 삼국 간섭으로 랴오둥반도를 청에 돌려주었어.

02 어떤 사건에 대한 설명인지 알맞은 사건 이름을 쓰세요.

고종이 세자와 함께 거처를 러시아 공사관으로 옮긴 사건이에요.

일본이 자객을 보내 명성 황후를 시해한 사건이에요.

(1) (   )   (2) (   )

03 삼국 간섭 이후 조선의 상황으로 <u>틀린</u> 것을 고르세요. (   )

① 고종과 명성 황후가 일본의 간섭에서 벗어나고자 러시아를 끌어들였어요.

② 고종이 친일 세력을 쫓아내고 러시아와 친한 신하들에게 나랏일을 맡겼어요.

③ 을미사변 이후 고종은 일본의 영향력에서 벗어나고 싶어 했어요.

④ 고종이 미국 공사관으로 거처를 옮긴 후 외국의 정치 간섭에서 벗어날 수 있었어요.

04 글을 읽고, 빈 곳에 알맞은 말을 쓰세요.

을미사변 이후 김홍집을 중심으로 한 정부는 _____이라는 개혁을

추진했어요. 이때 상투를 자르는 _____이 내려졌어요.

↪ 뜻에 알맞은 낱말을 글자판에서 찾아 ◯으로 묶으세요.
(낱말은 가로, 세로로 찾을 수 있어요.)

반	도	량	형	시	해
발	공	조	친	포	위
건	진	약	일	폭	산
권	압	개	화	동	별
한	국	항	교	수	탈
근	대	적	사	관	진

① 외국과 교류를 하고 물품을 사고팔 수 있게 항구를 개방함.

② 근대에 맞게 바뀌거나 발전한. 또는 과거와 다른 새로운.

③ 강제로 억눌러 진정시킴.

④ 여러 사람이 집단으로 폭력 행위를 일으켜 사회를 어지럽게 하는 일.

⑤ 일본을 가깝게 여기어 친하게 지냄.

⑥ 약한 상대의 것을 강제로 빼앗음.

⑦ 부모나 임금을 죽임.

⑧ 어떤 상태나 행동 등에 대하여 반대함.

길을 따라가면서 글의 내용이 맞으면 '예', 틀리면 '아니요'에 ○ 하세요. 그런 다음 ○를 한 것과 짝 지어진 글자를 차례대로 빈칸에 쓰세요.

늦었다. 빨리 가자! 출발!

강화도 조약은 일본에 유리한 불평등 조약이에요.
예 조   아니요 건

갑신정변은 온건 개화파가 천천히 개화하자고 벌인 정변이에요.
예 양   아니요 선

갑오개혁으로 과거제와 신분 제도가 폐지되었어요.
예 대   아니요 우

동학 농민 운동은 동학의 지도자인 전봉준을 중심으로 일어났어요.
예 의   아니요 개

조선은 갑오개혁을 하면서 일본의 간섭에서 벗어났어요.
예 화   아니요 근

일본이 명성 황후를 시해하고 시신을 불태운 사건이 을미사변이에요.
예 개   아니요 체

고종은 일본의 간섭을 벗어나고자 미국 공사관으로 거처를 옮겼어요.
예 사   아니요 혁

야호, 도착!

4주 대한 제국

1일

어휘 | 계몽, 대신, 보수적, 사대, 자주독립, 창간
독해 | 조선의 자주독립을 위한 노력

2일

어휘 | 개량, 개통, 관립, 성능, 양장, 전차
독해 | 근대 문물로 달라진 조선의 풍경

3일

어휘 | 만국, 무효, 밀사, 체결, 퇴위, 특사
독해 | 일본에 의해 강제로 맺어진 을사늑약

5일

어휘 | 개간, 국권, 국채, 모금, 항일, 해체
독해 | 국권 회복을 위한 애국 계몽 운동

4일

어휘 | 대항, 무장 투쟁, 사살, 의거, 의사, 폐기
독해 | 일본에 대항하는 사람들

6일

복습
교과서 속 책 읽기

계몽 지식수준이 낮거나 옳지 않은 예전의 풍습을 따르는 사람들을 가르쳐서 깨우침.

대신 조선 고종 31년(1894) 이후에 최고의 행정 기관인 내각 각 부의 으뜸 벼슬.

보수적 새로운 것을 반대하고 전통적인 제도나 방법을 그대로 지키려는 것.

사대 약자가 강자를 섬김.

자주독립 나라 등이 다른 나라의 간섭을 받거나 다른 나라에 기대지 않고 자주권을 행사하는 일.

창간 정기적으로 출판되는 신문이나 잡지 등의 첫 번째 호를 펴냄.

84

01 낱말의 뜻을 보기 에서 찾아 기호를 쓰세요.

보기

ㄱ 나라 등이 다른 나라의 간섭을 받거나 다른 나라에 기대지 않고 자주권을 행사하는 일.

ㄴ 지식수준이 낮거나 옳지 않은 예전의 풍습을 따르는 사람들을 가르쳐서 깨우침.

ㄷ 정기적으로 출판되는 신문이나 잡지 등의 첫 번째 호를 펴냄.

ㄹ 새로운 것을 반대하고 전통적인 제도나 방법을 그대로 지키려는 것.

ㅁ 조선 고종 31년(1894) 이후에 최고의 행정 기관인 내각 각 부의 으뜸 벼슬.

ㅂ 약자가 강자를 섬김.

(1) 보수적 (   )   (2) 창간 (   )   (3) 사대 (   )

(4) 대신 (   )   (5) 계몽 (   )   (6) 자주독립 (   )

02 (   ) 안에 알맞은 낱말을 보기 에서 찾아 기호를 쓰세요.

보기

ㄱ 사대

ㄴ 계몽

ㄷ 자주독립

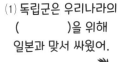
(1) 독립군은 우리나라의 (   )을 위해 일본과 맞서 싸웠어.

(2) 강대국은 약소국과 (   ) 관계를 맺고 조공을 요구했어.

(3) 옛날에는 농민들을 (   )하기 위해 지식인들이 농촌에 가서 교육했어.

03 (   ) 안에서 알맞은 낱말을 골라 ○ 하세요.

(1) (진보적 | 보수적)인 사람들은 조선이 개항하는 것을 반대했어요.

(2) 나는 새로 (창간 | 폐간)한 잡지를 사고 푸짐한 선물을 받았어요.

(3) 그는 내각에서 군사 일을 담당하는 부의 (대신 | 대군)이 되었어요.

조선의 자주독립을 위한 노력

아관 파천 이후 조선 정부는 서양 여러 나라의 간섭을 심하게 받자, 조선이 자주독립 국가임을 알리고 백성들을 계몽할 필요가 있다고 느꼈어요.

1896년에 서재필은 정부의 지원을 받아서 국민의 계몽과 자주독립 정신을 높이기 위해 『독립신문』을 창간했어요. 『독립신문』은 한글판과 영문판으로 발행되어 나라 안팎의 소식을 알렸지요. 서재필은 뜻을 같이하는 개화파와 함께 독립 협회를 만들고, 청의 사신을 맞이하던 영은문을 헐고 그 자리에 독립문을 세우기도 했어요.

▲ 독립문 (한국민족문화대백과사전)

독립 협회는 만민 공동회라는 토론회를 열었어요. 만민 공동회에서는 누구나 사회 문제에 대해 의견을 말하고, 정부와 사회 제도를 비판할 수 있었지요. 만민 공동회는 수백 명이 모일 정도로 국민들의 호응이 높았어요. 그러자 독립 협회는 대신들까지 참여한 대규모의 만민 공동회를 열고, 여기서 결의된 '헌의 6조'라는 여섯 가지 개혁안을 고종에게 전달했어요. 그러나 독립 협회는 보수적인 대신들의 모함으로 강제로 해산되었지요.

1897년, 고종은 러시아 공사관에 머문 지 1년 만에 경운궁으로 돌아왔어요. 고종은 청과의 사대 관계를 끊고 여러 나라의 간섭에서 벗어나고자 했어요. 그래서 환구단에서 스스로 황제로 즉위하고, 나라 이름을 '대한 제국'으로 선포해 자주독립 국가임을 세상에 알렸지요. 대한 제국은 사회 각 분야에 걸친 '광무개혁'을 추진했어요. 여러 가지 근대 시설을 마련하고, 공장과 회사 등을 세워 상공업을 발전시키고, 근대적 학교를 세워 인재를 양성했어요. 또 외국에 유학생을 보내 기술을 배워 오게 하는 등 의욕적으로 개혁을 추진했답니다.

▲ 고종 황제 (국립 중앙 박물관)

고종은 황제만 입을 수 있다는 황룡포를 입고 있어.

01 『독립신문』에 대한 설명으로 틀린 것을 고르세요. (　　　　)

① 정부의 지원을 받아 서재필이 창간한 신문이에요.

② 국민의 계몽과 자주독립 정신을 높이려 했어요.

③ 국민에게 한자를 널리 알리기 위해 대부분 한자로 쓰인 신문이에요.

④ 영문판 신문도 있었으며 나라 안팎의 소식을 알렸어요.

02 독립 협회에 대한 글을 읽고, (　　　　) 안에 알맞은 말을 보기에서 찾아 기호를 쓰세요.

보기　　　㉠ 만민 공동회　　㉡ 독립문　　㉢ 헌의 6조　　㉣ 영은문

독립 협회는 청의 사신을 맞이하던 (　　　　)을 헐고 그 자리에 (　　　　)을 세웠어요.
그리고 대신들까지 참여한 대규모의 (　　　　)라는 토론회를 열고, 여기서 결의된
(　　　　)라는 여섯 가지 개혁안을 고종에게 전달했어요.

03 조선이 자주독립 국가임을 세상에 알리기 위해 고종이 환구단에서 선포한 나라 이름을 쓰세요.

04 광무개혁에 대한 내용이 맞으면 '예', 틀리면 '아니요'에 ○ 하세요.

(1) 공장과 회사를 세워 상공업 발전시키기

예　　아니요

(2) 개화를 위해 황제 권한 약화하기

예　　아니요

(3) 근대적 학교를 세워 인재 키우기

예　　아니요

(4) 외국에 유학생을 보내 기술 배워 오기

예　　아니요

어휘

개량 질이나 기능의 나쁜 점을 보완하여 더 좋게 고침.

개통 교통 시설이나 통신 시설을 완성하거나 연결하여 이용할 수 있게 함.

관립 정부에서 세운 것.

성능 기계 등이 지닌 성질이나 기능.

양장 옷차림이나 머리 모양을 서양식으로 꾸밈. 또는 그런 옷이나 몸단장.

전차 공중에 설치한 전선으로부터 전력을 공급받아 땅 위에 놓인 선로를 다니는 차.

01 낱말의 뜻을 찾아 선으로 이으세요.

(1) 전차 •
(2) 개통 •
(3) 양장 •

• ㉠ 교통 시설이나 통신 시설을 완성하거나 연결하여 이용할 수 있게 함.

• ㉡ 옷차림이나 머리 모양을 서양식으로 꾸밈. 또는 그런 옷이나 몸단장.

• ㉢ 공중에 설치한 전선으로부터 전력을 공급받아 땅 위에 놓인 선로를 다니는 차.

02 낱말에 대한 설명이 맞으면 ○, 틀리면 ✕ 하세요.

(1) '관립'은 개인이 자신의 돈으로 세운 것을 말해요.   (   )

(2) '개량'은 질이나 기능의 나쁜 점을 보완하여 더 좋게 고치는 것을 말해요. (   )

(3) '성능'은 기계 등이 지닌 성질이나 기능을 말해요.   (   )

03 빈 곳에 알맞은 낱말을 보기 에서 찾아 쓰세요.

보기   양장   관립   개통   전차   개량   성능

(1) 인터넷 기사 아저씨가 와서 바로 인터넷을 _____ 해 주었어요.

(2) 이 학교는 정부에서 세운 우리나라 최초의 _____ 중학교예요.

(3) 오빠는 용돈을 모아 _____ 이 뛰어난 컴퓨터를 샀어요.

(4) 새로 산 세탁기는 전에 쓰던 세탁기보다 기능이 한층 _____ 되어 편했어요.

(5) 조선에 서양 문물이 들어오면서 _____ 차림을 하는 사람이 많아졌어요.

(6) 유럽에 가면 전기의 힘으로 달리는 _____ 를 볼 수 있어요.

근대 문물로 달라진 조선의 풍경

조선은 개항 이후, 근대 문물이 들어오면서 생활 모습과 거리 풍경이 많이 바뀌었어요. 1887년, 경복궁에 처음 전등불이 들어왔는데, 이때만 해도 전등의 성능이 좋지 않아 전등불이 자주 깜빡거렸어요. 이후 종로 거리에 가로등이 밝혀지면서 밤에 활동하는 사람들이 점점 늘어났지요.

사람들의 소식을 빠르게 주고받을 수 있는 통신도 발달했어요. 문자나 숫자를 전기 신호로 바꾸어 보내는 전신은 1885년에 서울과 인천 사이에 설치되었어요. 그 뒤로 전화가 경운궁 안에 처음 설치되었지요.

1899년에는 전기로 가는 기차인 전차가 개통되었어요. 전차가 생기면서 도로가 넓어지고, 곳곳에 전봇대가 세워졌으며 전봇대에는 전선들이 복잡하게 연결되었지요. 또 초가집이 많이 사라지고 일본식 상가 건물들이 들어섰어요. 경인선과 경부선, 경의선 철도가 생기면서부터는 먼 거리를 빠르게 갈 수 있게 되었지요.

사람들의 옷차림도 많이 바뀌었어요. 여자들은 바깥출입을 할 때 장옷이나 쓰개치마를 쓰지 않아도 되었고, 개량 한복이나 양장을 입기 시작했어요. 그리고 양복을 입고 양말과 구두를 신는 남자들이 많아졌어요.

서양식 건물도 지어졌어요. 서양식 건물은 벽돌이나 시멘트 등으로 지었고, 건물 외관을 화려하게 꾸몄어요. 명동 성당, 덕수궁 석조전, 독립문 등이 이때 지어진 서양식 건축물이지요. 근대 교육 기관으로 다양한 관립 학교가 세워졌고, 우리나라 최초의 서양식 병원인 광혜원과 화폐를 만드는 전환국도 세워졌답니다.

01 개항 이후 조선에 생겨난 근대 문물을 모두 찾아 ⟋로 묶으세요.

화약	가로등	전화	화폐
	전차	거중기	전신

02 근대 문물에 대해 <u>틀리게</u> 말한 친구를 찾아 ○ 하세요.

전신과 전화로 소식을 빠르게 주고받을 수 있게 되었어.   빵이

경복궁에 처음 설치된 전등은 성능이 좋았어.   핫또야

전차가 생기면서 도로가 넓어지고 전봇대가 세워졌어.   또띠

철도가 생기면서 먼 거리를 빨리 갈 수 있게 되었어.   소라

03 근대 문물로 달라진 모습에 대한 설명이 맞는 것을 모두 찾아 ✔ 하세요.

(1) 여자들은 개량 한복과 양장을 입었지만 외출할 때는 장옷을 써야 했어요. ☐

(2) 양복을 입고 양말과 구두를 신는 남자들이 많아졌어요. ☐

(3) 벽돌이나 시멘트 등으로 지어진 서양식 건물이 있었어요. ☐

(4) 초가집이 많이 사라지고 일본식 상가 건물이 생겼어요. ☐

04 어떤 근대 시설에 대한 설명인지 알맞은 이름을 쓰세요.

(1) 화폐를 만드는 시설이에요. ☐

(2) 우리나라 최초의 서양식 병원이에요. ☐

만국 세계의 모든 나라.

세계 여러 나라가 모여 만국의 공용어인 영어로 대화하고 있어.

무효 아무런 효력이나 효과가 없음.

이 표는 이름을 제대로 안 썼으니 무효입니다.

회장 선거
김태양 최예빈
正 正
下 正

밀사 어떤 일을 알리거나 하려고 상대방에게 몰래 보내는 사람.

일본 몰래 해외로 가서 일본이 우리나라를 빼앗으려 한다는 것을 알려라.

네!

고종 황제는 대한 제국의 사정을 세상에 알리려 밀사를 보냈어.

체결 계약이나 조약 등을 맺음.

일본에 대한 제국의 외교를 맡긴다는 조약을 체결합시다.

저런 말도 안 되는 조약을 체결하다니!

퇴위 왕의 자리에서 물러남.

왕의 자리에서 내려오시오.

퇴위하고 아들에게 왕위를 넘기겠소.

특사 특별한 임무를 받아 외국으로 보내지는 사람.

저는 대한 제국에서 온 특사입니다. 일본과 맺은 조약이 부당하다는 것을 알리고자 네덜란드에 왔습니다.

01 뜻에 알맞은 낱말을 보기 에서 찾아 빈칸에 쓰세요.

보기   무효   퇴위   밀사   체결   특사   만국

(1) ☐ – 어떤 일을 알리거나 하려고 상대방에게 몰래 보내는 사람.

(2) ☐ – 계약이나 조약 등을 맺음.

(3) ☐ – 세계의 모든 나라.

(4) ☐ – 특별한 임무를 받아 외국으로 보내지는 사람.

(5) ☐ – 아무런 효력이나 효과가 없음.

(6) ☐ – 왕의 자리에서 물러남.

02 빈칸에 알맞은 낱말이 차례대로 묶인 것을 고르세요. (   )

• 이 쿠폰은 3월이 지나면 ☐이니 3월 안에 써야 해요.

• 왕은 비밀 조약을 맺기 위해 비밀리에 ☐를 보냈어요.

• 신하들은 왕을 강제로 ☐시키고 왕의 아들을 왕위에 올렸어요.

① 밀사 – 무효 – 퇴위   ② 무효 – 밀사 – 퇴위

③ 퇴위 – 밀사 – 무효   ④ 무효 – 퇴위 – 밀사

03 ☐ 안에서 알맞은 낱말을 골라 ○ 하세요.

(1) 대한 제국은 여러 나라가 모이는 미국 | 망국 | 만국 | 박람회에 처음 참가했어요.

(2) 대통령은 국제회의에 우리나라 | 관사 | 특사 | 를 보냈어요.

(3) 양쪽 회사의 사장은 계약서에 서명해 계약을 | 체결 | 체념 | 했어요.

일본에 의해 강제로 맺어진 을사늑약

1904년에 일본과 러시아는 만주와 대한 제국을 차지하기 위한 전쟁을 벌였어요. 일본은 러일 전쟁에서 승리해 러시아, 영국, 미국으로부터 대한 제국을 지배할 수 있는 권한을 인정받았지요.

1905년에 일본의 특사로 온 이토 히로부미는 궁궐을 포위하고, 대한 제국의 외교권을 일본에 넘긴다는 조약에 서명하라며 고종을 위협했어요. 고종은 조약 체결을 완강히 거부했지만, 이완용을 비롯한 을사오적이 대한 제국의 외교권을 넘기는 조약을 체결했어요. 이 조약을 '을사늑약'이라고 하는데, 늑약은 나라 사이에 강제로 맺은 조약을 말해요.

을사늑약이 체결된 뒤 민영환을 비롯한 여러 대신과 양반들은 스스로 목숨을 끊었어요. 장지연은 『황성신문』에 을사늑약이 체결된 것과 을사오적을 비판하는 글을 올렸어요. 사실 을사늑약은 고종의 동의나 도장이 없기 때문에 국제법상으로 무효이지요.

▲ 헤이그 특사. 왼쪽부터 이준, 이상설, 이위종.

고종은 을사늑약이 무효임을 국제 사회에 알리고자 했어요. 그래서 1907년에 만국 평화 회의가 열리는 네덜란드 헤이그에 이준, 이상설, 이위종을 특사로 몰래 보냈지요. 하지만 일본의 방해로 특사들은 헤이그 만국 평화 회의장에 들어가지 못했어요. 일본은 헤이그 밀사 사건을 빌미로 고종을 퇴위시키고 아들 순종을 황제로 삼았어요. 그리고 일본에 무력으로 맞설 것을 염려해 대한 제국의 군대도 해산시켰지요. 대한 제국은 이렇게 점점 힘을 잃어 갔답니다.

민영환의 자결 소식이 전해지자 사회적 지위가 높은 여러 인사와 민영환의 인력거꾼도 스스로 목숨을 끊어 일본 침략에 항의했어.

민영환의 유서 일부

… 나는 죽음으로써 황제의 은혜에 보답하고 우리 동포에게 사죄하려 하노라. … 한마음으로 힘을 다해 우리의 자유 독립을 회복하면 죽어서라도 마땅히 저세상에서 기뻐 웃으리라. …

▲ 민영환(국립 중앙 박물관)

01 러일 전쟁 이후 대한 제국에 벌어진 일의 순서대로 빈칸에 번호를 쓰세요.

고종이 네덜란드 헤이그에 특사를 보냈어요.　☐

을사오적이 대한 제국의 외교권을 일본에 넘긴다는 조약을 체결했어요.　☐

일본이 고종을 퇴위시키고 아들 순종을 황제로 삼았어요.　☐

이토 히로부미가 일본의 특사로 대한 제국에 왔어요.　☐

02 고종의 조약 체결 거부에도 불구하고, 을사오적이 일본에 대한 제국의 외교권을 넘기는 조약을 체결했어요. 강제로 맺어진 이 조약을 무엇이라고 하는지 쓰세요.

☐

03 을사늑약이 체결된 후 일어난 일이 맞으면 ○, 틀리면 ✕ 하세요.

(1) 민영환을 비롯한 여러 대신과 양반들이 스스로 목숨을 끊었어요.　(　)
(2) 고종은 을사늑약이 무효임을 국제 사회에 알리려고 했어요.　(　)
(3) 헤이그 특사가 만국 평화 회의장에 들어가 을사늑약이 무효임을 알렸어요. (　)
(4) 장지연이 『황성신문』에 을사늑약이 정당하다는 글을 올렸어요.　(　)

04 네덜란드 헤이그로 간 특사가 아닌 사람을 고르세요. (　)

① 이위종　　② 이준　　③ 이상설　　④ 이완용

어휘

대항 지지 않으려고 맞서서 버팀.

무장 투쟁 정치·군사적 목적을 이루기 위하여 무장 집단이 조직적으로 벌이는 군사 행동.

사살 활이나 총 등으로 쏘아 죽임.

의거 정의를 위하여 옳은 일을 일으킴.

의사 나라와 민족을 위해 몸을 바쳐 일한 의로운 사람.

폐기 조약, 법령, 계약, 약속 등의 효과를 없어지게 함.

01 뜻에 알맞은 낱말이 되도록 보기 에서 글자를 모두 찾아 빈칸에 쓰세요.

보기   대   의   폐   거   항   기

(1) 정의를 위하여 옳은 일을 일으킴. ⬝⬝⬝⬝⬝⬝⬝⬝⬝⬝⬝ ☐☐

(2) 조약, 법령, 계약, 약속 등의 효과를 없어지게 함. ⬝⬝⬝ ☐☐

(3) 지지 않으려고 맞서서 버팀. ⬝⬝⬝⬝⬝⬝⬝⬝⬝ ☐☐

02 낱말의 뜻을 바르게 말한 아이를 모두 찾아 이름에 ○ 하세요.

정아 '무장 투쟁'은 정치·군사적 목적을 이루기 위하여 무장 집단이 조직적으로 벌이는 군사 행동을 말해.

주혁 '의사'는 개인의 이익을 위해 몸 바쳐 일하는 사람을 말해.

유찬 '사살'은 활이나 총 등으로 쏘아 죽이는 것을 말해.

03 밑줄 친 낱말이 바르게 쓰인 것을 모두 찾아 ✔ 하세요.

(1) 일제 강점기에는 수많은 의사가 독립을 위해 싸우다가 목숨을 잃었어요. ☐

(2) 나는 현장 체험 학습 장소가 마음에 들지 않아 무장 투쟁을 벌였어요. ☐

(3) 대한 제국은 일본과 맺은 조약이 불평등하다며 조약을 폐기할 것을 요구했어요. ☐

(4) 전쟁 중에 적의 대장을 총으로 사살했어요. ☐

(5) 탐관오리는 백성의 재산을 빼앗기 위해 의거를 일으켰어요. ☐

(6) 범인들은 무기를 버리고 대항의 표시로 두 손을 번쩍 들었어요. ☐

일본에 대항하는 사람들

일본이 조선을 차지하려고 할 때 백성들은 의병을 일으켜 일본과 맞서 싸웠어요.

1895년에 최초로 일본에 대항하는 의병이 일어났는데, 이를 '을미의병'이라고 해요. 을미사변과 단발령에 반발한 유생들과 농민들이 일으킨 의병이에요. 그러나 이들은 고종이 단발령을 취소하고 의병을 해산하라고 명령하자 스스로 해산했어요.

1905년, 을사늑약이 강제로 체결된 뒤에 '을사의병'이 일어났어요. 전국 각지에서 의병이 일어나 을사늑약의 폐기를 요구하며 격렬한 무장 투쟁을 했어요. 특히 평민 출신 신돌석 의병장은 수천 명의 의병을 이끌고 강원도, 경상도, 충청도 등에서 수많은 일본군을 무찔러 '태백산 호랑이'라는 별명을 얻기도 했지요.

1907년에 일본이 고종을 강제로 퇴위시키고 대한 제국의 군대를 해산시키자, 의병 운동이 더욱 확대되어 '정미의병'이 일어났어요. 이때 해산된 각 지방의 군인들이 의병에 참여해 의병의 전투력은 크게 향상되었지요. 의병 운동이 전국적으로 확산되자 전국의 의병들이 모여 '13도 창의군'이라는 연합 부대를 만들었어요. 그리고 서울에 있는 일본군을 물리치려는 '서울 진공 작전'을 펼쳤지요. 이들은 서울 근처까지 진격했으나 일본군의 공격을 받아 실패하고 말았어요.

조선에서뿐만 아니라 외국에서도 일본에 대항하는 사람들이 있었어요. 러시아에서 의병 활동을 하던 안중근 의사는 1909년에 만주의 하얼빈역에서 을사늑약 체결을 강요한 이토 히로부미를 총으로 쏘아 사살했어요. 안중근 의사는 그 자리에서 붙잡혀 일본 측에 넘겨졌고, 일본은 안중근 의사의 의거를 범죄로 보고 사형시켰답니다.

01 각 의병 활동이 무엇에 대한 반발로 일어났는지 찾아 선으로 이으세요.

(1) **을미의병** •

(2) **을사의병** •

(3) **정미의병** •

• ㉠ 을미사변과 단발령에 대한 반발

• ㉡ 일본이 고종을 퇴위시키고 대한 제국의 군대를 해산한 것에 대한 반발

• ㉢ 을사늑약이 강제로 체결된 것에 대한 반발

02 의병에 대해 바르게 말한 아이를 모두 찾아 이름을 쓰세요. (,   )

• 유주 : 을미의병을 일으킨 의병들은 일본에 의해 강제로 해산되었어.

• 민성 : 신돌석 의병장이 이끄는 의병들은 강원도, 경상도 등에서 수많은 일본군을 무찔렀어.

• 지한 : 양반 출신인 신돌석 의병장은 소백산 호랑이라는 별명을 얻었어.

• 채윤 : 대한 제국 군대가 해산되자, 각 지방의 군인들이 의병에 참여했어.

03 의병에 대한 글을 읽고, 빈 곳에 알맞은 말을 쓰세요.

전국에서 모인 의병들은 연합 부대인 _____ 을 만들었어요. 그리고

서울에 있는 일본군을 물리치려는 작전인 _____ 을 펼쳤으나 실패했어요.

04 1909년에 만주의 하얼빈역에서 이토 히로부미를 총으로 쏘아 사살한 사람은 누구인지 이름을 쓰세요.

개간 거친 땅이나 버려 둔 땅을 일구어 논밭이나 쓸모 있는 땅으로 만듦.

국권 나라가 행사하는 독립적이고 절대적인 권력.

국채 나라가 지고 있는 빚.

모금 좋은 일을 하려고 여러 사람한테서 돈을 걷어 모으는 것.

항일 일본 제국주의의 침략과 통치에 맞서서 싸움.

해체 단체 등이 흩어짐. 또는 그것을 흩어지게 함.

01 (   ) 안에서 알맞은 낱말을 골라 ○ 하세요.

(1) (모금 | 자금) : 좋은 일을 하려고 여러 사람한테서 돈을 걷어 모으는 것.

(2) (개업 | 개간) : 거친 땅이나 버려 둔 땅을 일구어 논밭이나 쓸모 있는 땅으로 만듦.

(3) (해체 | 분해) : 단체 등이 흩어짐. 또는 그것을 흩어지게 함.

(4) (친일 | 항일) : 일본 제국주의의 침략과 통치에 맞서서 싸움.

(5) (국채 | 사채) : 나라가 지고 있는 빚.

(6) (국권 | 대권) : 나라가 행사하는 독립적이고 절대적인 권력.

02 빈칸에 알맞은 글자를 모두 찾아 ○ 하세요.

(1) 나라 경제가 어려워지면서 다른 나라에서 돈을 빌려 □□가 늘어났어요.
국 갈 위 채

(2) 산비탈의 거친 땅을 □□해서 농지로 만들었어요.
분 개 간 정

(3) 우리 축구팀이 □□되어 선수들이 뿔뿔이 흩어졌어요.
연 해 석 체

03 (   ) 안에 알맞은 낱말을 보기에서 찾아 기호를 쓰세요.

보기   ㉠ 항일   ㉡ 국권   ㉢ 모금

(1) 일본은 대한 제국의 (   )을 빼앗기 위해 강제로 고종을 퇴위시켰어요.

(2) 백성들은 일본의 침략에 대항해 (   ) 의병을 일으켰어요.

(3) 학교에서는 태풍 피해자들을 돕기 위해 (   )을 했어요.

국권 회복을 위한 애국 계몽 운동

　의병들이 일본에 맞서 무력으로 싸울 때 한편에서는 애국심을 기르고 실력을 키워 국권을 회복하자는 '애국 계몽 운동'이 전개되었어요.

　가장 먼저 만들어진 애국 계몽 운동 단체인 '보안회'는 1904년 러일 전쟁 중에 일본이 황무지를 개간하겠다며 토지를 약탈하려고 하자 반대 운동을 펼쳤어요. 결국 일본을 포기시켰지요. 1906년에 만들어진 '대한 자강회'는 근대적 교육과 산업 발전을 위해 계몽 운동을 전개했어요. 하지만 고종의 퇴위를 반대하는 운동을 하다가 강제로 해산되었지요.

　1907년에는 국권을 회복하기 위해 안창호, 양기탁 등이 '신민회'라는 비밀 조직 단체를 만들었어요. 신민회는 민족 교육을 위해 평양에 대성 학교, 정주에 오산 학교 등을 세우고, 경제력을 키우기 위해 서점인 태극 서관과 도자기를 만드는 자기 회사 등을 세웠어요. 또 만주에 무관 학교를 세워 독립군을 길렀지요. 신민회는 1911년에 일본이 신민회 회원들을 감옥에 가두면서 해체되었어요.

　한편 일본은 대한 제국의 경제까지 지배하려는 속셈으로 정부에 돈을 많이 빌려주었어요. 국채가 점점 늘어나자 일본에 진 빚을 국민의 힘으로 갚자며 돈을 모으는 '국채 보상 운동'이 1907년에 대구에서 일어나 곧 전국으로 확산되었어요. 백성들은 한마음 한뜻으로 모금에 참여했지만, 일본의 방해로 결국 중단되고 말았지요.

　대한 제국은 항일 의병 운동과 애국 계몽 운동으로 국권을 지키려고 했지만 1910년 한일 합병 조약을 막지 못했고, 결국 국권을 빼앗겨 일본의 식민지가 되고 말았답니다.

▲ 자기 회사　　　　　▲ 무관 학교　　　　　▲ 국채 보상 운동

01 친구들의 물음에 알맞은 말을 쓰세요.

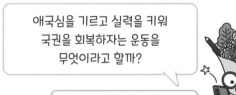

애국심을 기르고 실력을 키워
국권을 회복하자는 운동을
무엇이라고 할까?

(1) [   ]

일본에 진 빚을 국민의 힘으로
갚자며 돈을 모은 운동을
무엇이라고 할까?

(2) [   ]

02 애국 계몽 운동 단체에 대한 글을 읽고, 알맞은 말에 ○ 하세요.

(1) 1904년에 만들어진 (보안회 | 신민회)는 러일 전쟁 중 일본이 황무지를
개간하겠다며 토지를 약탈하려 하자 반대 운동을 펼쳤어요.

(2) 1906년에 만들어진 (독립 협회 | 대한 자강회)는 근대적 교육과 산업 발전을 위해
계몽 운동을 전개했어요.

03 신민회가 한 일에 대한 글을 읽고, 빈 곳에 알맞은 말을 쓰세요.

(1) 민족 교육을 위해 평양에 _____, 정주에 오산 학교 등을 세웠어요.

(2) 경제력을 키우기 위해 서점인 _____과 자기 회사 등을 세웠어요.

(3) 만주에 _____를 세워 독립군을 길렀어요.

04 국채 보상 운동에 대한 설명으로 맞는 것을 모두 고르세요. (,   )

① 1907년에 대구에서 일어나 곧 전국으로 확산되었어요.

② 대한 제국 정부에서 모금 운동을 중단시켰어요.

③ 백성들이 한마음 한뜻으로 모금에 참여했어요.

④ 대한 제국은 국채 보상 운동을 통해 일본에 진 빚을 모두 갚았어요.

➥ 낱말을 보고, 사다리를 타고 내려가서 낱말의 뜻을 보기 에서 찾아 (   ) 안에 번호를 쓰세요.

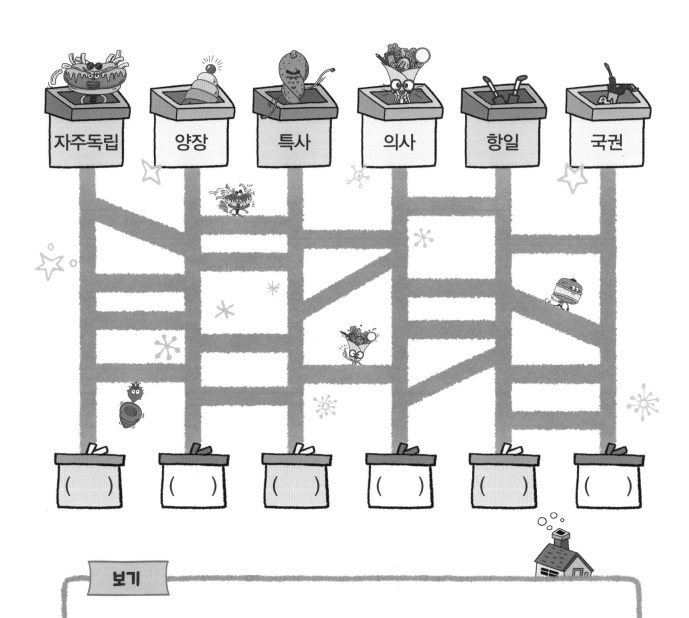

자주독립   양장   특사   의사   항일   국권

(   ) (   ) (   ) (   ) (   ) (   )

보기

① 특별한 임무를 받아 외국으로 보내지는 사람.

② 나라 등이 다른 나라의 간섭을 받거나 다른 나라에 기대지 않고 자주권을 행사하는 일.

③ 나라와 민족을 위해 몸을 바쳐 일한 의로운 사람.

④ 나라가 행사하는 독립적이고 절대적인 권력.

⑤ 옷차림이나 머리 모양을 서양식으로 꾸밈. 또는 그런 옷이나 몸단장.

⑥ 일본 제국주의의 침략과 통치에 맞서서 싸움.

글의 내용이 맞으면 ○, 틀리면 ✕ 하세요. 그런 다음 ○를 한 곳에 있는 수를 모두 더해 빈칸에 쓰세요.

서재필은 『독립신문』을 창간하고, 독립 협회를 만들었어요.
7

고종은 러시아와의 사대 관계를 끊고자 황제로 즉위하고 대한 제국을 선포했어요.
3

개항 이후, 여자들은 바깥출입을 할 때 장옷이나 쓰개치마를 쓰지 않아도 되었어요.
5

을사늑약은 고종의 동의나 도장이 없기 때문에 국제법상 무효예요.
2

헤이그 밀사 사건 이후 고종은 황제 자리에서 스스로 내려왔어요.
6

신돌석 의병장은 수많은 일본군을 무찔러 태백산 호랑이라는 별명을 얻었어요.
9

안중근 의사는 이토 히로부미를 하얼빈역에서 총으로 쏘았지만 죽이는 데는 실패했어요.
4

안창호와 양기탁 등은 국권 회복을 위해 신민회라는 비밀 조직 단체를 만들었어요.
1

1907년에 일본에 진 빚을 국민의 힘으로 갚자는 국채 보상 운동이 일어났어요.
8

비밀번호

시계는 어떻게 달력을 이겼을까?

옛사람들은 시계를 그다지 쓰지 않았다. 시간을 정확하게 잴 방법도 없었을뿐더러 그럴 필요도 없었기 때문이다. 반면, 달력은 아주 요긴하게 쓰였다. 무엇보다 달력은 농부들이 언제 씨를 뿌리고 물길을 내야 하는지를 가늠하는 데 사용됐다. 그렇다면 시계는 언제부터 달력만큼 중요해졌을까?

20세기 초만 해도 시계는 아주 귀한 물건이었다. 시계 하나가 기와집 한 채 절반 값이었다고 한다. 대부분 사람은 시계 보는 방법도 몰랐다.

사실 시계는 조선 시대에 이미 이 땅에 들어왔다. 그러나 우리 조상들에게 시계는 호기심을 끄는 장난감에 지나지 않았다. '때 되면 스스로 울리는 종', 즉 자명종이었을 뿐이었다. 대부분 사람은 시계에 별 관심이 없었다. 별 필요가 없었기 때문이다. 대부분은 '동창이 밝아 올 때' 깨어나 농사짓고 해 떨어지면 일 그치는 식으로 살았다.

사람들에게 정말 중요했던 것은 달력이었다. 일 년은 왜 열두 달이 되었을까? 식물이 자라고 시드는 리듬이 열두 달 간격으로 이루어지기 때문이다. 농사짓고 가축을 기르려면 자연의 흐름을 잘 따라야 한다.

그러나 시계는 점차 달력을 이기기 시작했다. 시계는 공업 발전과 함께 중요해졌다. 농사일은 욕심대로 되지 않는다. 곡식과 열매는 대부분 일 년에 한 번만 거둘 수 있기 때문이다. 하지만 공업은 다르다. 공장은 노력하는 만큼 더 큰 이익을 가져다준다. 공장을 돌리는 데 계절은 큰 문제가 되지 않는다. 시간은 정말 돈이 되었다. 공장을 한 시간 더 돌리고 덜 돌리는 데 따라 생산량의 차이가 엄청나기 때문이다.

안광복, 『지리 시간에 철학 하기』, 웅진주니어

01 공업이 발달하기 전, 옛사람들이 시계와 달력 중 더 요긴하게 쓴 것은 무엇인지 쓰세요.

02 이 글의 내용으로 맞는 것을 모두 고르세요. (,   )

① 20세기 초, 조선 시대에 시계는 아주 흔한 물건이었어요.

② 농부들은 달력을 언제 씨를 뿌리고 물길을 내야 하는지를 가늠하는 데 사용했어요.

③ 20세기 초, 시계 하나의 가격이 기와집 한 채 절반 값이었어요.

④ 조선 시대에 시계가 들어왔을 때 대부분 사람은 시계 보는 방법을 알고 있었어요.

03 시계에 대한 글을 읽고, 알맞은 말에 ○ 하세요.

> 시계는 (농업 | 공업)이 발전하면서 중요해졌어요. (공장 | 난방)을 돌리는 데 계절은 큰 문제가 되지 않았고, 시간에 따라 (생산량 | 수확량)의 차이가 나서 시간은 돈이 되었기 때문이에요.

어휘 풀이

· **요긴하다** 꼭 필요하고 중요하다.
· **물길** 물이 흐르거나 물을 흘려 보내는 통로.
· **가늠하다** 목표나 기준에 맞는지 안 맞는지를 살피다.
· **자명종** 미리 정해 놓은 시각이 되면 저절로 소리가 나도록 장치가 되어 있는 시계.
· **동창** 동쪽으로 난 창.
· **생산량** 어떠한 것이 일정한 기간 동안 생산되는 수량.

1일 어휘 (11쪽)

01 (1) ㉡ (2) ㉠ (3) ㉢

02 (1) 복구 (2) 개편 (3) 상업

03 (1) 복구 (2) 개편 (3) 화폐 (4) 국방
(5) 상업 (6) 황폐

1일 독해 (13쪽)

01 붕당, 환국

02 ③

03 (1) 아니요 (2) 예 (3) 아니요

04 상평통보

2일 어휘 (15쪽)

01 (1) ○ (2) ○ (3) ✕ (4) ○ (5) ✕ (6) ✕

02 (1) ㉡ (2) ㉢ (3) ㉠

03 (1) ㉠ (2) ㉢ (3) ㉡

2일 독해 (17쪽)

01 ②, ③

02 (1) ○ (2) ✕ (3) ○ (4) ✕

03 탕평책

04 정약용

3일 어휘 (19쪽)

01 (1) ㉢ (2) ㉠ (3) ㉡

02 (1) 특, 권 (2) 도, 성 (3) 김, 매, 기

03 (1), (2), (4), (6)

3일 독해 (21쪽)

01 직파법, 모내기법

02 (2), (3)

03 비단, 명주, 종이, 어물, 모시, 무명

04 또띠

4일 어휘 (23쪽)

01 (1) 얕잡다 (2) 수확물 (3) 부강 (4) 공업
(5) 사상 (6) 고유

02 (1) 얕잡아 (2) 공업 (3) 사상

03 (1) 고, 유 (2) 부, 강 (3) 수, 확, 물

4일 독해 (25쪽)

01 성리학, 실학, 실학자

02 (1) ㉣ (2) ㉠ (3) ㉡ (4) ㉢

03 ④

04 (1) ㉡ (2) ㉢ (3) ㉠

5일 어휘 (27쪽)

01 (1) ㉡ (2) ㉠ (3) ㉢

02 (1) 서민 (2) 병풍 (3) 서당

03 (1) 서민 (2) 사설시조 (3) 병풍
(4) 탐관오리 (5) 서당 (6) 풍자

5일 독해 (29쪽)

01 서민 문화

02 (1) 심청전 (2) 춘향전 (3) 홍길동전

03 탈놀이, 판소리

04 (2), (4)

6일 복습 (30~31쪽)

① 국방
② 화폐
③ 친위
④ 폐지
⑤ 부강
⑥ 서민

01 (1) ㅁ (2) ㄹ (3) ㄷ (4) ㄱ (5) ㄴ

02 ①

03 (1) 가, 문 (2) 혈, 손

1일 독해 (37쪽)

01 (1) ○ (2) ○ (3) ✕ (4) ✕

02 세도 정치, 세도 가문

03 (1) 헌종 (2) 철종

04 ①, ④

2일 어휘 (39쪽)

01 (1) 재산 (2) 수령 (3) 산간

02 (1) ㄱ (2) ㄷ (3) ㄴ

03 (1) 횡포 (2) 수령 (3) 화전민 (4) 파면
(5) 향리 (6) 몰락

2일 독해 (41쪽)

01 소라

02 은서, 서진

03 임술 농민 봉기

04 (1) 예 (2) 아니요 (3) 예 (4) 아니요

3일 어휘 (43쪽)

01 (1) 박해 (2) 세례 (3) 평등사상 (4) 교리
(5) 신자 (6) 탄압

02 (1) 박해 (2) 평등사상 (3) 교리 (4) 신자

03 (1) ㄴ (2) ㄱ

3일 독해 (45쪽)

01 (1) 천주실의 (2) 이승훈

02 (3), (4)

03 ③

04 인내천, 천도교

4일 어휘 (47쪽)

01 (1) 당쟁 (2) 실권 (3) 군포

02 (1) ㄷ (2) ㄴ (3) ㄱ

03 (2), (3), (6)

4일 독해 (49쪽)

01 ①, ④

02 (1) 호포제 (2) 사창제

03 (1) 비변사 (2) 서원

04 경복궁

5일 어휘 (51쪽)

01 (1), (2), (5), (6)

02 (1) ㄷ (2) ㄱ (3) ㄴ

03 (1) 이양선 (2) 수교 (3) 외규장각

5일 독해 (53쪽)

01 병인박해

02 (1) 프랑스 (2) 미국 (3) 통상

03 (1) 신 (2) 병 (3) 병 (4) 신

04 ㄷ, ㄴ

6일 복습 (54~55쪽)

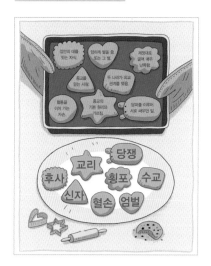

교과서 속 책 읽기 (57쪽)

01 간을 꺼내 가려고 해서

02 ②, ④

03 꽈리

1일 어휘 (61쪽)

01 (1) 약속 (2) 나라 (3) 제도

02 (1) 근대적 (2) 측량 (3) 개항

03 (1), (3), (5), (6)

1일 독해 (63쪽)

01 ②, ④

02 운요호 사건

03 강화도, 일본

04 롱이, 핫또야

2일 어휘 (65쪽)

01 (1) 폭동 (2) 교관 (3) 공사관 (4) 개화
(5) 진압 (6) 개국

02 (1) 개화 (2) 진압 (3) 공사관

03 (1) ㉡ (2) ㉠ (3) ㉢

2일 독해 (67쪽)

01 신식, 일본인

02 (1) ○ (2) ○ (3) ✕ (4) ○

03 청으로부터 독립, 능력에 따른 관리 등용,
신분제 폐지, 탐관오리 처벌

04 3, 4, 1, 2

3일 어휘 (69쪽)

01 (1) ㉣ (2) ㉡ (3) ㉠ (4) ㉢

02 (1) 수, 탈 (2) 화, 약

03 (1) 공적 (2) 저수지 (3) 화약 (4) 군수
(5) 수탈 (6) 철수

3일 독해 (71쪽)

01 (1) 조병갑 (2) 전봉준

02 (2), (4)

03 전주 화약

04 롱이, 핫또야

4일 어휘 (73쪽)

01 (1) ㉠ (2) ㉣ (3) ㉢ (4) ㉡ (5) ㉫ (6) ㉤

02 (1) 친일 (2) 제한 (3) 권한

03 ②

4일 독해 (75쪽)

01 1차 갑오개혁(갑오개혁)

02 은정, 혜영

03 청에 의존하지 않기, 세금을 법에 따라
거두기, 법을 만들어 백성을 보호하기

04 (1) 아니요 (2) 아니요 (3) 예 (4) 예

5일 어휘 (77쪽)

01 (1) 거, 처 (2) 반, 발 (3) 시, 해

02 (1), (3)

03 (1) ㉤ (2) ㉡ (3) ㉢ (4) ㉤ (5) ㉠ (6) ㉣

5일 독해 (79쪽)

01 (1) ㉣ (2) ㉡

02 (1) 아관 파천 (2) 을미사변

03 ④

04 을미개혁, 단발령

6일 복습 (80~81쪽)

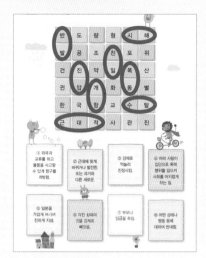

① 개항
② 근대적
③ 진압
④ 폭동
⑤ 친일
⑥ 수탈
⑦ 시해
⑧ 반발

1일 어휘 (85쪽)

01 (1) ㄹ (2) ㄷ (3) ㅂ (4) ㅁ (5) ㄴ (6) ㄱ

02 (1) ㄷ (2) ㄱ (3) ㄴ

03 (1) 보수적 (2) 창간 (3) 대신

1일 독해 (87쪽)

01 ③

02 ㄹ, ㄴ, ㄱ, ㄷ

03 대한 제국

04 (1) 예 (2) 아니요 (3) 예 (4) 예

2일 어휘 (89쪽)

01 (1) ㄷ (2) ㄱ (3) ㄴ

02 (1) ✕ (2) ◯ (3) ◯

03 (1) 개통 (2) 관립 (3) 성능 (4) 개량
(5) 양장 (6) 전차

2일 독해 (91쪽)

01 전차, 가로등, 전화, 전신

02 핫또야

03 (2), (3), (4)

04 (1) 전환국 (2) 광혜원

3일 어휘 (93쪽)

01 (1) 밀사 (2) 체결 (3) 만국 (4) 특사
(5) 무효 (6) 퇴위

02 ②

03 (1) 만국 (2) 특사 (3) 체결

3일 독해 (95쪽)

01 3, 2, 4, 1

02 을사늑약

03 (1) ○ (2) ○ (3) × (4) ×

04 ④

4일 어휘 (97쪽)

01 (1) 의, 거 (2) 폐, 기 (3) 대, 항

02 정아, 유찬

03 (1), (3), (4)

4일 독해 (99쪽)

01 (1) ㉠ (2) ㉢ (3) ㉡

02 민성, 채윤

03 13도 창의군, 서울 진공 작전

04 안중근

5일 어휘 (101쪽)

01 (1) 모금 (2) 개간 (3) 해체 (4) 항일
(5) 국채 (6) 국권

02 (1) 국, 채 (2) 개, 간 (3) 해, 체

03 (1) ㉡ (2) ㉠ (3) ㉢

5일 독해 (103쪽)

01 (1) 애국 계몽 운동 (2) 국채 보상 운동

02 (1) 보안회 (2) 대한 자강회

03 (1) 대성 학교 (2) 태극 서관
(3) 무관 학교

04 ①, ③

6일 복습 (104~105쪽)

① 특사
② 자주독립
③ 의사
④ 국권
⑤ 양장
⑥ 항일

교과서 속 책 읽기 (107쪽)

01 달력

02 ②, ③

03 공업, 공장, 생산량

메모장